Gisela Walter · *Das große Weihnachtsbastelbuch*

Gisela Walter

Das große Weihnachtsbastelbuch

Fotos von
Bernhard Hagemann

Illustrationen von
Thomas Menzel

Otto Maier Ravensburg

4 3 2 1 95 94 93 92

Layout und Grafik: Thomas Menzel
Umschlaggestaltung: Ekkehard Drechsel
Umschlagfoto: HP. Hoff

Printed in Germany
ISBN 3-473-41014-4

Die Deutsche Bibliothek –
CIP-Einheitsaufnahme

Das **grosse Weihnachtsbastelbuch** /
Gisela Walter.
Fotos von Bernhard Hagemann.
Ill. von Thomas Menzel. –
Ravensburg: Maier, 1992
ISBN 3-473-41014-4
NE: Walter, Gisela; Hagemann, Bernhard

Ein Dankeschön an die Mitarbeiter des Buches, die folgende Modelle gebastelt haben: Riccarda Caiati: Seite 42; Jule Ehlers-Juhle: Seite 12, 14, 94, 128, 144, 148; Veronika Igl: Seite 112; Jonas Klingbeil: Seite 82; Sabine Lohf: Seite 54, 56, 62, 74, 108, 110, 120, 124, 126, 150; Bastian Michalski: Seite 18, 28, 32, 44, 52, 60, 70, 72, 80, 84, 88, 90, 92, 96, 106, 114, 132, 134; Nicola Walter: Seite 20, 22, 30, 48, 64, 76, 78, 116, 118, 136, 142, 146, 152; Sabine Walter, Monika und Werner Schmidt: Seite 16.

✂ Wenn dieses Zeichen bei einem Modell steht, finden Sie im Vorlagebogen am Schluß des Buches ein Schnittmuster.

Inhalt

Inhalt

In der Adventszeit

Die erste Kerze brennt

„Advent, Advent, ein Lichtlein brennt, erst eins, dann zwei, dann drei, dann vier, dann steht das Christkind vor der Tür!“ So verspricht es ein Kindervers. Wenn an jedem Adventssonntag ein weiteres Apfellicht dazugestellt wird, dann leuchten am 4. Advent vier Apfellichterkerzen – und das Christkind wird kommen!

Material:
großer roter Apfel
Kerze
getrocknete Blüten und Gräser
kleine Zweige und Zapfen
getrocknete Beeren und Früchte
Basteldraht

1. Den Apfel mit einem weichen Tuch abreiben, bis er glänzt. Dann mit einem Messer ein Loch für die Kerze einschneiden und die Kerze in den Apfel stecken.

2. Kleine Zweige, getrocknete Blüten, Gräser oder Früchte rund um die Kerze in den Apfel stecken.

3. Kleine Tannenzapfen und andere Früchte oder Beeren, die keinen Stiel haben, werden mit Basteldraht umwickelt und dann mit dem Draht in den Apfel gesteckt.

4. Schön sieht es aus, wenn dicht um die Kerze ein kleiner Kranz aus Moos gelegt wird.

Adventskalender

Da steht der Weihnachtsmann vor vielen Überraschungspäckchen und winkt den Kindern zu. Es sind natürlich genau 24 Päckchen, denn vom 1. Dezember an bis Weihnachten darf jeden Tag eines geöffnet werden. Das gefällt besonders den kleinen Kindern, die Spaß am Aufziehen und Zubinden der großen, bunten Schleifen haben.

Material:
Pappkarton
Wasserfarben
durchsichtige Geschenkpapierfolie
Filz oder Stoffreste
Watte, Perle
kleine Glaskugeln
24 Streichholzschachteln
Klebstoff, Schere

1. Auf den Karton eine weiße Schneelandschaft mit blauem Himmel malen. Ein Stück rosa Tüll als Wolke aufkleben. Die glitzernden „Schneehügel" im Hintergrund sind Streifen einer Geschenkpapierfolie.

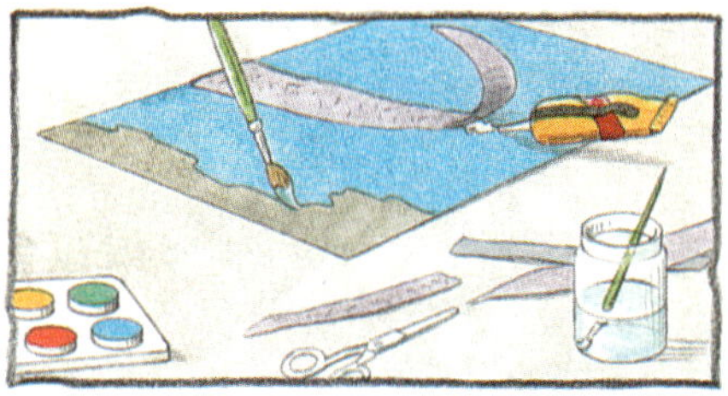

2. Die Nikolausfigur aus Filz oder Stoff ausschneiden und aufkleben.

3. Bart und Haare aus Watte aufkleben, eine Perle an die Kapuzenspitze nähen. Die Drähte der kleinen Glaskugeln miteinander verdrillen und in die Hand des Weihnachtsmannes kleben.

4. Streichholzschachteln bunt bekleben, mit den Ziffern 1 bis 24 versehen.

5. Die Schachteln so aufschneiden, daß die Deckel nach oben aufgeklappt werden können.

6. Geschenkband um die Schachtel legen und auf den Karton kleben.

7. Schachtel mit kleinen Geschenken füllen, den Deckel zuklappen und mit einer großen Schleife zubinden.

Basteln mit Nüssen

Hier watscheln Enten über das Eis, und Hund und Katze spielen miteinander. Das kommt nur in Nußhausen vor! Wenn die ganze Familie mitbastelt, wird sich solch eine lustige Schar bald auch auf dem Adventstisch tummeln. Vielleicht sind dann ein Nußbär und eine Nußmaus dabei?

Material:
verschiedene Sorten von Nüssen
Knetmasse
Plakafarben, Pinsel
Buntpapier
Federn
Schere, Klebstoff

1. Kopf und Körper sind Nüsse, die mit einem Hals aus Knete miteinander verbunden sind.

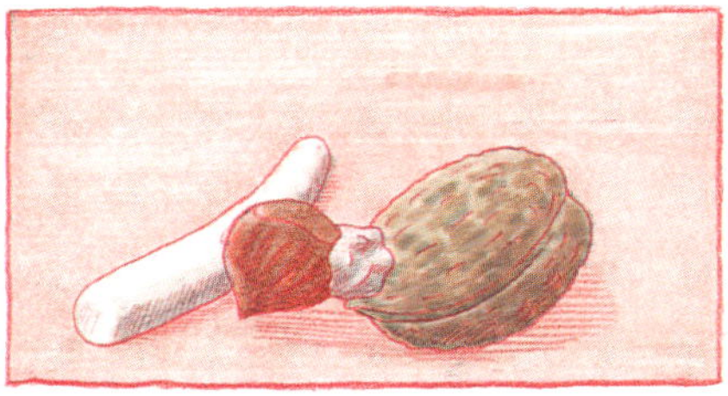

2. Füße aus Knete geben den richtigen Halt.

3. Feder- oder Papierschwanz, Papierohren und Kneteschnauze werden festgeklebt.

4. Augen, Schnäbel und Flügel werden mit Plakafarben aufgemalt.

5. Ente: Der Mandel- oder Haselnußkopf sitzt auf dem Paranußkörper. Der Schnabel ist aufgemalt oder aus Knete geformt.

6. Hund: Der Mandelkopf mit Kneteschnauze sitzt auf einem Walnußkörper, Knetepfoten verhindern das Umkippen. Papierohren und -schwanz geben dem Hund das richtige Aussehen.

7. Katze: Mit Haselnußkopf, Walnußkörper, Kneteschnauze und Knetebeinen, Papierohren und Papierschwanz wird daraus auch eine Katze.

Märchenschloß-Kalender

Wie ein Märchenschloß sieht dieser Adventskalender aus. Das gefällt kleinen Prinzessinnen, und neugierig werden sie die 24 Sternentüren betrachten. Am 24. Dezember wird die Spannung am größten sein, denn dann darf das Schloßtor in der Mitte des Palastes geöffnet werden. Was wohl dahinter versteckt ist?

Material:
24 Schachteln
Goldfolie, Glitzerpapier und anderes Geschenkpapier
Sterne (Aufkleber)
Schere, Papiermesser
Klebstoff

1. 24 Schachteln zusammentragen, große und kleine, hohe und flache, zum Aufklappen oder zum Aufschieben.

2. Alle Schachteln mit Glitzerpapier, Geschenkpapier, selbst bemaltem Buntpapier oder Goldfolie beziehen.

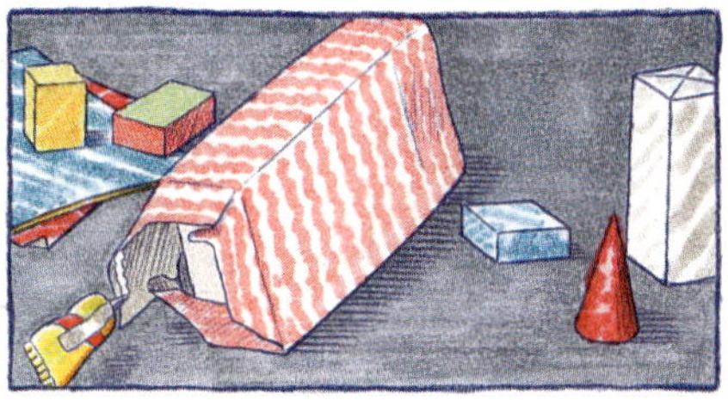

3. Die einzelnen Schachteln wie Bauklötze zu einem Schloß zusammenbauen und festkleben.

4. In jede Schachtel ein Fenster oder eine Tür schneiden oder die mit Papier überklebten Schachteldeckel wieder aufritzen, daß sie als Kalendertürchen geöffnet werden können.

5. Alle Schachteln mit kleinen Überraschungen füllen. Auf die Fenster und Türen einen Stern kleben.

6. Die Sterne mit den Ziffern 1 bis 24 beschriften.

Kleine Stadt aus Ton

Still und friedlich ist es in dieser kleinen Stadt.
Der Winter ist da, und Schnee bedeckt die Hausdächer.
Da kommt Weihnachtsstimmung auf! Jeden Tag stellen die Kinder die kleine Stadt anders auf. Mal stehen die Häuser im Halbkreis oder in einer Reihe, mal bunt durcheinander oder rund um die Kirche.

Material:

Ton, Backton oder Keramiplast
Messer
weiße Glasur oder Deckmalfarbe

1. Eine Tonkugel so lange auf den Tisch klopfen, bis ein eckiger Block entstanden ist. Das ist das Haus.

2. Aus einer zweiten Tonkugel das Hausdach formen oder klopfen.

3. Fenster und Türen mit einem Stempel eindrücken. Das kann ein kleines Kantholz sein oder ein Holzstab mit eingeschnitzten Kerben.

4. Das Dach auf den Hausblock setzen und vorsichtig festdrücken. Die beiden Teile eventuell mit Schlick miteinander verbinden.

5. Den Tannenbaum aus einem Kegel formen und „Zweige“ einritzen.

6. Den Ton brennen oder den Backton backen.

7. Schnee auf den Dächern: Wenn die Häuser aus Ton sind, mit weißer Glasur bestreichen und noch einmal brennen. Sind die Häuser aus Backton oder Keramiplast, dann mit weißer Deckfarbe anmalen.

Sterntaler-Fensterbild

Das Märchen vom Sterntalerkind paßt gut in die Adventszeit, denn es erzählt vom Schenken und Geben. Wenn ein Licht hinter das Fensterbild gestellt wird und das Bild in zarten Farben leuchtet, dann wollen die Kinder auch das Märchen hören. Also: Es war einmal…

Material:

Tonpapier
Pergamentpapier
Bleistift
Schere, Klebstoff

1. *Den Rahmen aus Tonpapier ausschneiden und mit weißem Pergamentpapier bekleben. Die Teile 1 bis 6, das sind hellgrüne Hügel, dunkelgrüne Wiesen und violette Steine, ausschneiden und am Rahmen ankleben.*

2. *Sterntaler: Das weiße Kleid, dann Gesicht, Arme und Beine aus hellgelbem und die Haare aus dunkelgelbem Papier ausschneiden. In dieser Reihenfolge aufeinanderlegen und auf das Bild legen. Noch nicht aufkleben!*

3. *Mit Bleistift den Umriß der Figur auf den Untergrund übertragen und aus den Teilen der Landschaft herausschneiden. Dabei das unterste weiße Pergamentpapier nicht ausschneiden. Dann die Sterntalerfigur aufkleben.*

4. *Tannenbäume: Jeweils vier Lagen dunkel- oder hellgrünes Pergamentpapier aufeinanderlegen und einen Tannenbaum ausschneiden. Die Bäume leicht versetzt aufkleben.*

5. *Himmel: Blaues Papier über das Bild legen, mit Bleistift die oberen Umrisse des Bildes nachfahren. An dieser Linie den Himmel ausschneiden, Sterne und Mond einschneiden. Den Himmel nach oben versetzt aufkleben.*

6. *Auf das fertige Bild eine durchsichtige Folie legen, ausschneiden und am Rahmen festkleben. Den vorderen Rahmen und die seitlichen Stützen aus goldenem Tonpapier ausschneiden und ankleben.*

Figuren mit Kerzenhalter

Wer sitzt denn da und wärmt sich am Kerzenlicht? Es sind Tiere aus dem Wald, ein alter Hirt mit seinem Schaf und ein kleiner Engel. Sie kommen jedes Jahr wieder und kündigen die Weihnachtszeit an. Als Überraschung stehen sie am 1. Adventssonntag auf dem hübsch gedeckten Frühstückstisch.

Material:
Modelliermasse wie
Backton oder
Keramiplast oder
Salzteig
Modelliermesser
Ausstecherform
Wasserfarben

1. *Zuerst die grobe Form der Figuren aus der Modelliermasse formen.*

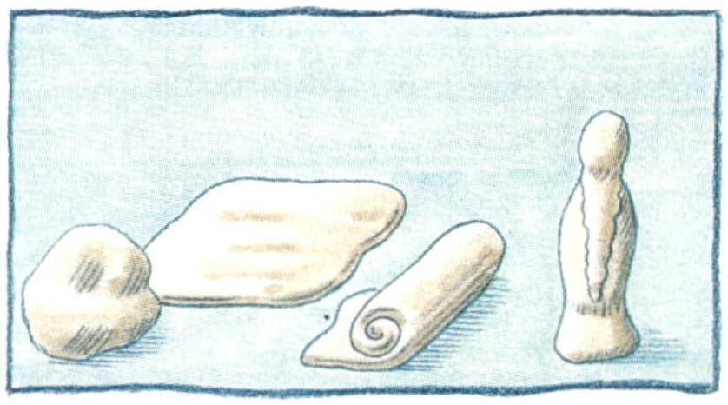

2. *Gesicht, Haare und Hände mit dem Modelliermesser oder einem anderen spitzen Gegenstand einritzen oder eindrücken.*

3. *Mantel mit Faltenwurf: Modelliermasse dünn auswellen. Mantel mit einem Messer ausschneiden und locker über die Figur legen. Nicht andrücken – der „Faltenwurf" entsteht von selbst.*

4. *Aus dick ausgewellter Modelliermasse die Standfläche ausschneiden.*

5. *Den Stern des Kerzenhalters mit einem Förmchen ausstechen.*

6. *Die Modelliermasse mindestens zwei Tage trocknen lassen.*

7. *Mit Wasserfarben anmalen.*

Setzkasten-Kalender

Kurz vor Advent verschwindet der Setzkasten – und hängt am 1. Dezember verpackt, bunt geschmückt und mit neuem Inhalt wieder an seinem Platz – als Adventskalender! Jeden Tag schneidet Maja mit der Schere ein Fenster auf. Und wenn sie ganz brav war, darf sie noch ein Fenster, eines mit einem Sternchen, öffnen.

Material:

Setzkasten
kleine Geschenke und Süßigkeiten
Buntpapier
Klebeband
Lackmalstift
Sterne (Aufkleber)
Kordel oder Geschenkband

1. Die Fächer mit kleinen Dingen wie Nüsse, Sterne, Lebkuchen usw. füllen.

2. Den Setzkasten mit Buntpapier beziehen, das auf der Rückwand einfach mit Klebeband befestigt wird.

3. Die Zwischenräume abtasten, mit Lackmalstift leicht nachfahren und die entstandenen Fenster numerieren. Sind es mehr als 24, werden die restlichen mit Sternen beklebt.

4. Man kann den Kalender noch mit Sternen, kleinen Figuren oder Bildern bekleben.

5. Zum Schluß wird der Setzkasten an einer Kordel oder einem stabilen Geschenkband aufgehängt. Das Band kann man einfach um den Rahmen wickeln und zusammenknoten.

Zuckerbäckerhaus

Zur Adventszeit gehört ein Lebkuchenhaus mit dem herrlichen Geruch von Lebkuchen und Zuckerwerk. Darauf warten die Kinder und freuen sich, wenn sie wie Hänsel und Gretel von den Süßigkeiten naschen dürfen. Wer keine Zeit für die Lebkuchenbäckerei hat, der kann so ein Zuckerbäckerhaus nachbauen.

Material:
Pappschachtel
Oblaten, Lebkuchen
viele Süßigkeiten
300 g Puderzucker
und 3 Eiweiß
rote Blattgelatine
Schere, Klebstoff

1. Eine stabile Pappschachtel so zurechtschneiden, daß ein Haus mit Zeltdach entsteht. Die Vorder- und Rückwand bleiben offen. Das Pappdach wird zuerst mit Oblaten beklebt.

2. Dickflüssigen Zuckerbrei zubereiten: Eiweiß steif schlagen, nach und nach Zucker dazugeben.

3. Die Oblaten des Daches mit Zuckerbrei bestreichen und große Lebkuchen aufdrücken.

4. Die Dachziegel bestehen aus vielen Süßigkeiten. Bevor sie auf das Dach gesetzt werden, ordnet man sie probeweise auf dem Tisch an.

5. Den Zuckerbrei mit einem breiten Messer oder Küchenpinsel auf die Dach-Lebkuchen auftragen.

6. Die Süßigkeiten auf den Brei drücken; unten beginnen, die Reihen dicht aneinanderlegen.

7. Rote Gelatineblätter mit durchsichtigem Klebeband aneinanderkleben, ein Dreieck zuschneiden und von der Rückseite her einklemmen.

8. Mit einem Teelicht von innen beleuchten. Das Haus bekommt einen Lebkuchenzaun. Im Garten können Zuckerbäume stehen: das sind Lutscher, die in einen Lebkuchen gesteckt werden.

Kreisender Komet

Er dreht sich … und dreht sich … und dreht sich …, zieht seinen langen Schweif hinter sich her und glitzert und funkelt in hellen Farben, wenn Licht darauf fällt. Das ist der kleine Komet, der von der aufsteigenden warmen Luft des Ofens ständig in Bewegung gehalten wird.

Material:
feste Goldfolie oder Blechfolie
Glimmer und Sternchen
Goldfaden
Schere, Bleistift und Klebstoff

1. Aus stabiler Goldfolie oder Blechfolie einen Kreis ausschneiden.

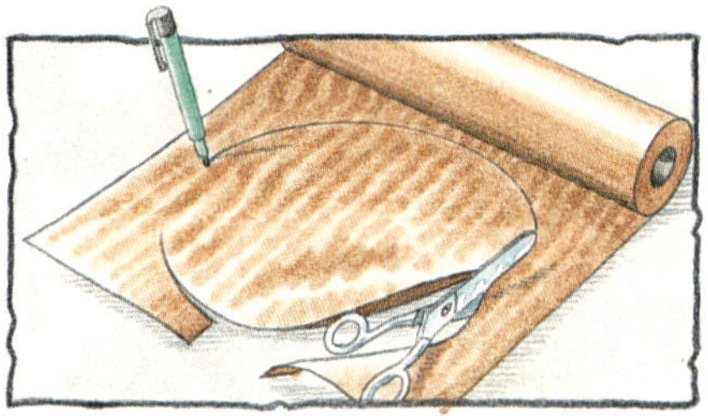

2. In den Kreis eine Spirale bis zum Mittelpunkt zeichnen.

3. In die Mitte einen Stern und am Ende einen Kometenschweif malen.

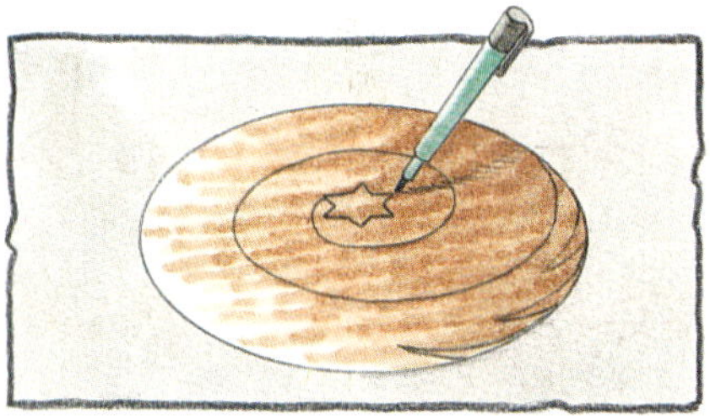

4. Entlang der gezeichneten Linien den Kometen ausschneiden.

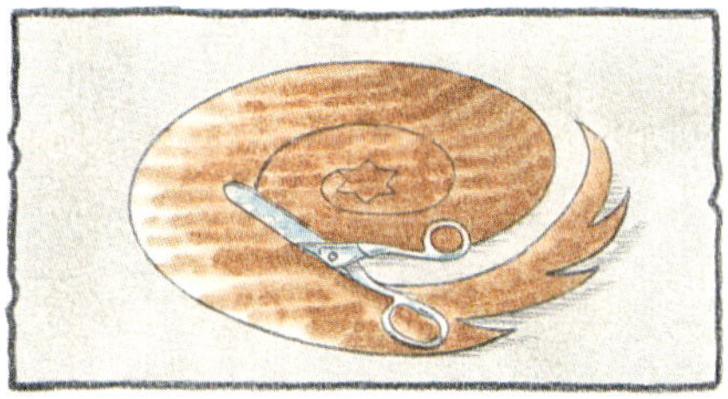

5. Damit der Komet glitzert und funkelt, mit Glimmer und Sternchen bekleben.

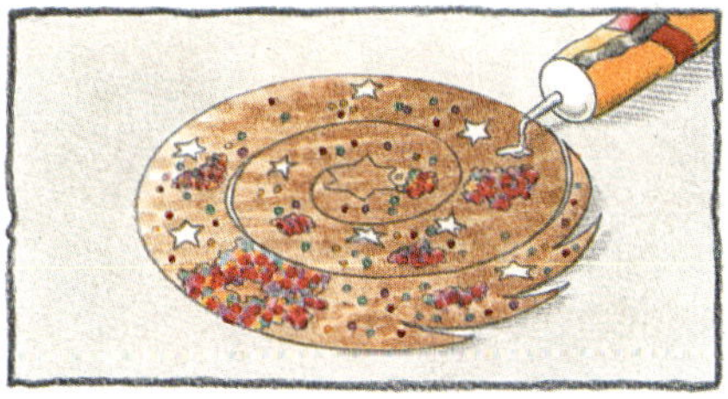

6. Am Mittelstern mit einem Goldfaden aufhängen.

Adventsuhr

„Wann ist Weihnachten?" So fragen die Kinder immer wieder und können es kaum erwarten, bis das Christkind kommt. Bei dieser Adventsuhr sehen sie es ganz genau. Wie ein Zeiger wird der Komet täglich von einem Bild zum nächsten gedreht. Wenn er oben angekommen ist, dann ist endlich Weihnachten!

Material:

Fotokarton

Wachsmalkreiden

Musterbeutelklammer

Schere, Klebstoff

1. Auf Fotokarton mit Schnur und Bleistift einen Kreis von etwas 40 cm Durchmesser zeichnen, ausschneiden und bemalen.

2. Die Scheibe in 24 Abschnitte aufteilen und in jeden Abschnitt ein Weihnachtsbild malen.

3. Als Zeiger einen Kometen auf Fotokarton malen, ausschneiden und mit einer Musterbeutelklammer in der Mitte der Adventsuhr festklemmen.

Klingender Adventskranz

Was klingt da so hell und zart aus dem Weihnachtszimmer? Die Kinder stehen still und lauschen. Der Adventskranz mit seinem besonderen Klangspiel bringt diese Töne hervor. Bei jedem leichten Luftzug bewegen sich die Walnußklöppel, schlagen die Messingröhren an und lassen sie klingen.

Material:

- Messingstäbe
- Metallbohrer
- 2 mm starke Drähte
- Schnur
- Geschenkband
- Walnüsse
- Kerzen
- Kerzenständer
- Schere

1. *Die Klangstäbe sind Messingröhren, die man in Baugeschäften kaufen kann. Am besten läßt man sie gleich auf die gewünschten Längen zuschneiden.*

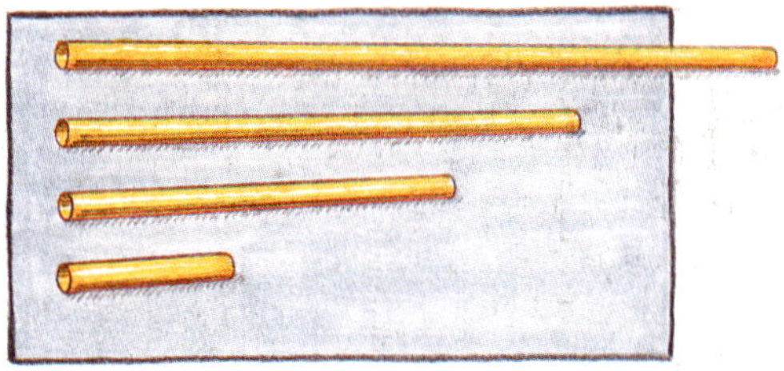

2. *Jeweils zwei Löcher in die Röhren bohren und eine Schnur durchfädeln.*

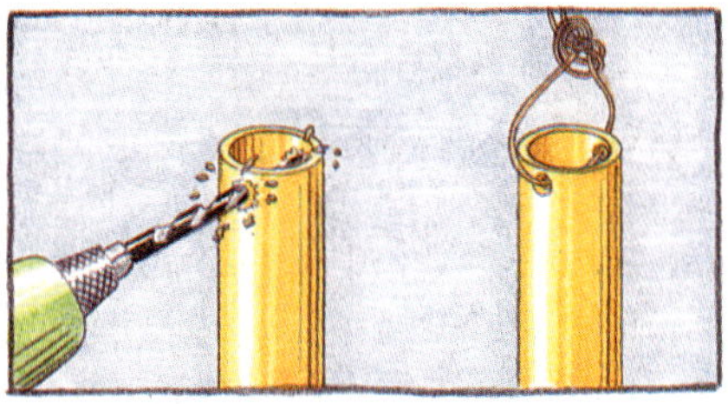

3. *Adventskranz innen mit einem Kreuz aus zwei dicken Drähten stabilisieren. Dazu die Drähte einfach in den Kranz schieben.*

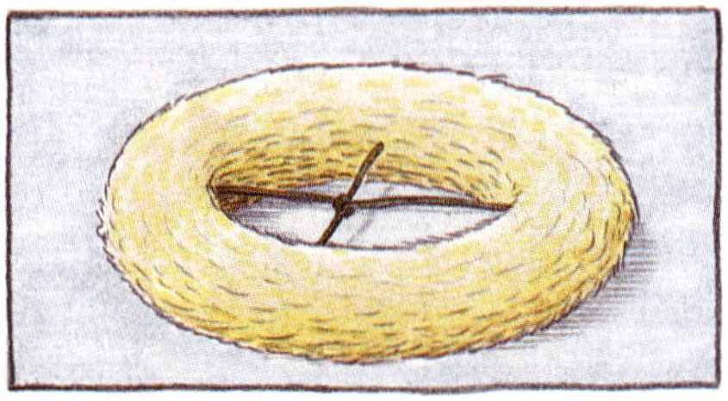

4. *Die vier Röhren in gleichem Abstand voneinander am Drahtkreuz aufhängen.*

5. *Die Walnüsse an Geschenkbändern aufhängen und am Adventskranz so festbinden, daß sie die Klangstäbe beinahe berühren.*

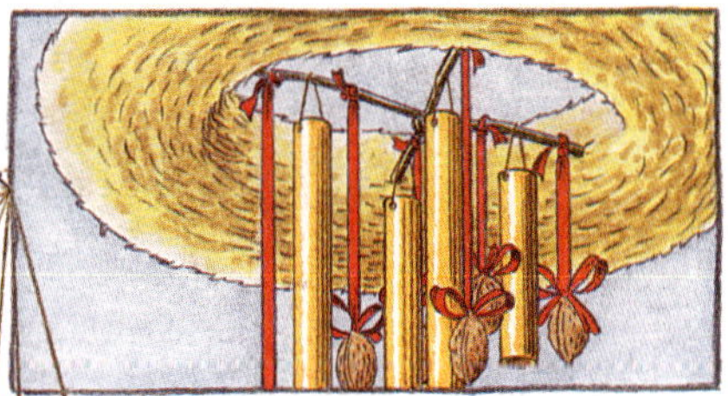

6. *Den Adventskranz mit Bändern und Kerzen schmücken und so aufhängen, daß die Klangstäbe frei schwingen können.*

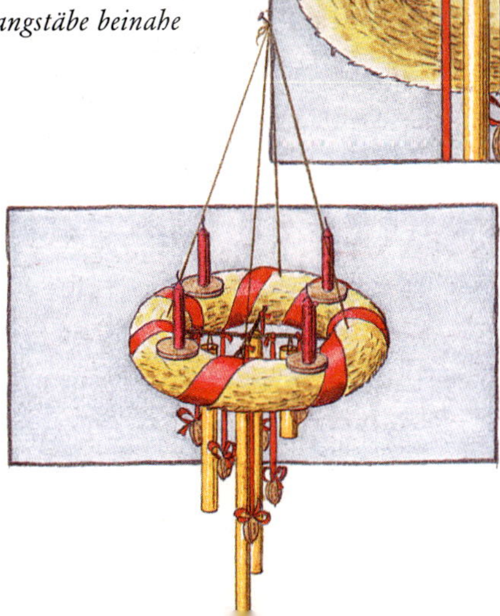

Weihnachtssticker-Album

Wer hat die neuesten Sticker? Darauf kommt es an, wenn Hanna und Judith mit ihren Freundinnen Sticker tauschen möchten. Hier ist eine tolle Idee für alle Sticker-Fans: ein Weihnachtssticker-Album! Die anderen werden staunen und sich auch gleich so ein Album basteln wollen.

Material:

Plastikfolien
Locher, Schere
Geschenkband
Lackmalstift
viele Sticker

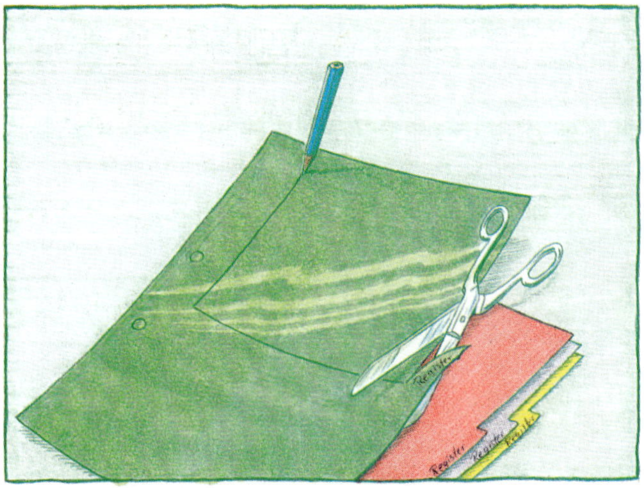

1. Für die Albumblätter eignen sich Plastikfolien, wie es sie zum Beispiel als Trennblätter für Ordner gibt. Wichtig ist, daß die Oberfläche der Folie glatt ist, damit die Sticker jederzeit wieder abgezogen werden können.
Die Blätter zurechtschneiden, und von den Trennblättern auch das Register wegschneiden.

2. Die einzelnen Blätter lochen und mit einem hübschen Geschenkband zusammenbinden.

3. Das Deckblatt verzieren. Wer das Sticker-Album verschenken will, der kann mit Lackmalstift den Namen der Freundin auf das Deckblatt schreiben.

Potpourri und Pomander

Zur Adventszeit gehören auch die besonderen „Weihnachtsdüfte“. Wer schnuppert nicht gerne, wenn es im Zimmer nach Tannengrün und Honigkerzen oder nach Zimt und Gewürznelken duftet! Es ist eine alte Tradition, zur Adventszeit Potpourris aufzustellen oder Pomander aufzuhängen. Dann riecht es nach Weihnachten!

Material:
Orange oder Mandarine
Schale oder anderes Gefäß
Gewürznelken
Geschenkband
Potpourri-Mischung aus getrockneten Blüten, Blättern Gewürzen, Kräutern

1. Ein Pomander ist eine mit Potpourri gefüllte Porzellankugel mit vielen Löchern. Aber es muß nicht gleich eine Porzellankugel sein, die im Weihnachtszimmer ihren Duft verbreitet, genauso gut riecht eine mit Gewürznelken bespickte Zitrusfrucht. Um die Mandarine oder Orange ein Band zum Aufhängen knüpfen. Die Gewürznelken auf einen Teller schütten, so daß man die schönsten auswählen kann.

2. Die Gewürznelken dicht nebeneinander in die Schale drücken; auf diese Weise Reihen oder Muster stecken. Darauf achten, daß die Nelken dicht, aber nicht zu eng stehen, damit die Schale nicht platzt.

3. Ein Potpourri ist eine Mischung aus getrockneten Blüten und Blättern, Kräutern und Gewürzen. Früher wurden die Rezepte geheimgehalten. Hier ein Rezept für einen besonderen Weihnachtsduft: ganze Gewürznelken, zerbröckelte Zimtstangen, getrocknete Blüten von Rosen, Veilchen, Kamillen, Lavendel, Mohn und Hibiskus, Eukalyptusblätter und in kleine Stückchen geschnittene Orangenschalen.

4. Zur Weihnachtszeit gibt es herrlich duftende Früchtetees, die auch als Potpourri-Mischung verwendet werden können.

Adventskranz mit Naturschmuck

Die Natur schenkt uns den schönsten Schmuck. Deshalb sammeln Lisa und Heike im Herbst Blüten, Blätter und Früchte und trocknen sie. Doch Felix wartet auf den Winter. Er meint, daß die Staudenbüsche und Gräser dann noch interessanter aussehen. Gemeinsam schmücken die Kinder den Adventskranz mit ihren Naturschätzen.

Material:
Tannenzweige
Gartenschere
Blumendraht
Kerzen und
Kerzenhalter
getrocknete Blüten
Blätter, Gräser
Früchte und Staudenzweige aus dem Garten oder aus Wald und Flur

1. Die großen Tannenzweige gleichmäßig auf etwa 15 cm lange kleine Zweige zurechtschneiden.

2. Mehrere Zweige mit Blumendraht zu einem Büschel zusammenbinden.

3. Nach und nach die anderen Zweige dicht hintereinander dazulegen und unten am Stiel fortlaufend fest umwickeln.

4. Die Girlande zum Kreis schließen und mit dem Draht zusammenhalten.

5. Schmuck: Trockenblumen, Gräser und Früchte mit den Stielen zwischen die Zweige schieben.

6. Ist ein Stiel zu kurz, diesen mit Blumendraht umwickeln und den Draht in den Kranz schieben.

7. Zum Schluß vier Kerzenhalter mit Kerzen in den Kranz stecken.

Advents-Pyramide

Rote Kerzen, rotbackige Äpfel und selbstgebastelte Strohsterne durften früher beim Weihnachtsschmuck nicht fehlen. Zu dieser Tradition gehört auch die Advents-Pyramide. Sie wurde anstatt eines Adventskranzes aufgestellt. Wäre das nicht eine schöne Idee für dieses Jahr?

Material:
9 schöne, rote Äpfel
Bambusstäbe und
Feinsäge
Küchenmesser
5 Kerzen
Strohsterne

1. Die Bambusstäbe wie folgt zurechtsägen: 16 Stäbe von 15 cm Länge. Zusätzlich 2 Stäbe von 21 cm Länge, diese werden als Querstäbe verwendet.

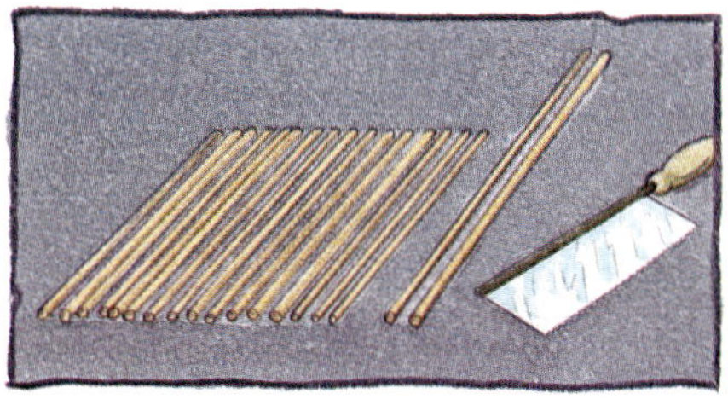

2. Den Boden der Pyramide aus vier Äpfeln, vier Stäben und den beiden Querstäben zusammenstecken. Wenn man die Äpfel vorher mit einem Obstmesser anbohrt, geht es leichter.

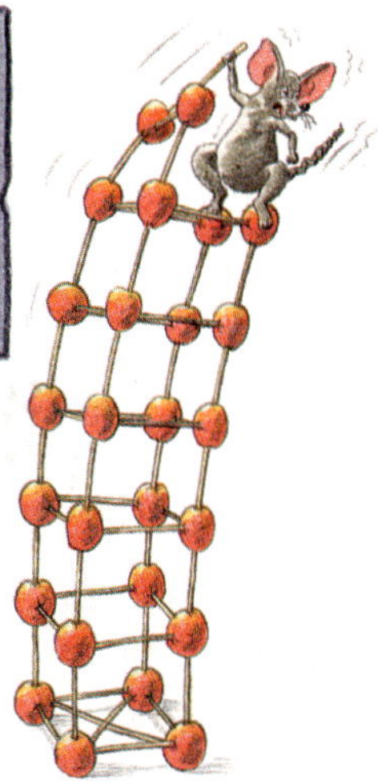

3. Die zweite Ebene der Apfel-Pyramide aus weiteren vier Äpfeln und vier Stäben zusammenstecken.

4. Die beiden Ebenen mit Senkrechtstäben miteinander verbinden.

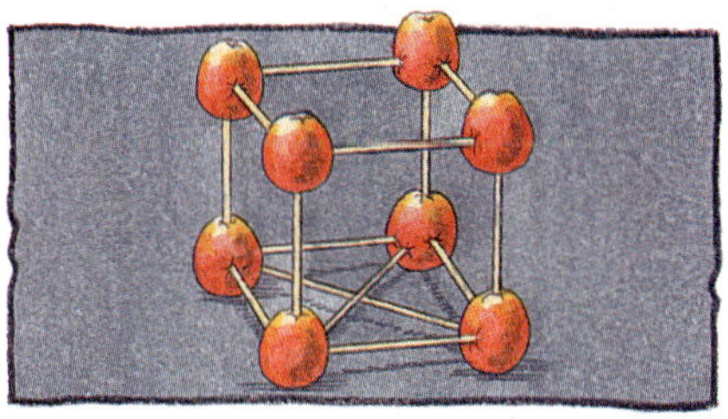

5. Die Spitze der Pyramide aus einem Apfel und den letzten vier Stäben aufsetzen.

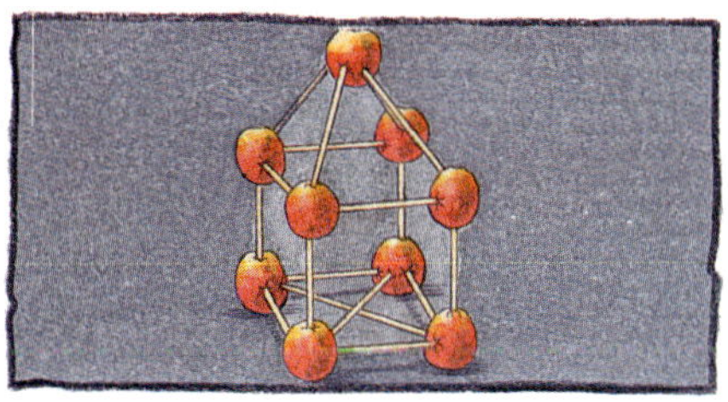

6. In die oberen Äpfel die Kerzen stecken, dabei zuerst die Stecklöcher mit einem Messer vorsichtig herausheben. Zum Schluß mit Strohsternen schmücken. Wie Strohsterne gebastelt werden, steht auf Seite 107.

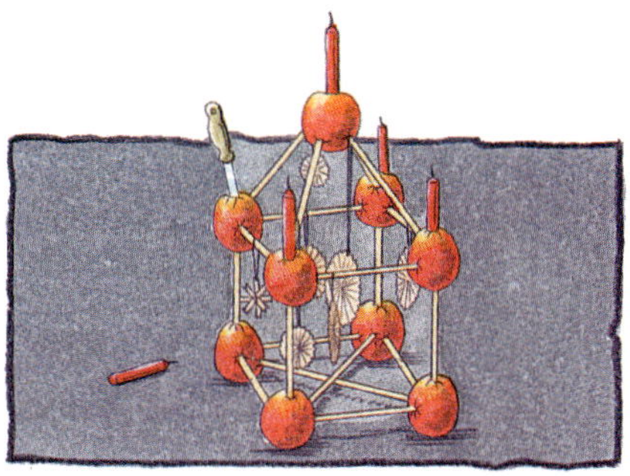

Weihnachtsvorhang

Diese selbstbemalten Vorhänge verwandeln jeden Raum in ein stimmungsvolles Weihnachtszimmer. Das Besondere daran ist, daß sie nur zur Weihnachtszeit die Fenster schmücken – und danach mit dem Weihnachtsschmuck wieder eingepackt werden. Bis zum nächsten Weihnachtsfest.

Material:
Pongé-Seide
Qualität 0,5
Seidenmalfarben
Verdickungsmittel auf die Farbe abgestimmt (z.B. Tylose C 2000)
dicke Pinsel
Holzlatten für den Rahmen, Schere
Faden, Paillettensterne

1. Schmale Scheibengardinen, kleine Stores oder Vorhänge zuschneiden. In gleicher Größe aus Holzlatten einen einfachen Rahmen bauen und den Stoff mit Reißzwecken straff daraufspannen.

2. Die Seidenmalfarben mit dem dazu passenden Verdickungsmittel verrühren, bis die Malfarbe dickflüssig wie eine Paste ist und beim Malen nicht verläuft. Mit einem dicken Pinsel die Farben auftragen.

3. Zum Fixieren der Farben den Stoff vom Rahmen nehmen und auf der Rückseite bügeln. Ein Tuch als Unterlage nehmen. Dann den Stoff nach Gebrauchsanweisung waschen.

4. Wenn der Stoff wieder trocken ist, zum Schluß Goldfarbe auftragen und ebenfalls mit Bügeln fixieren.

5. Sternenvorhang: Zuerst die Sterne, dann den Himmel malen. Mit Goldfarbe die großen Sterne umranden und kleine Sterne dazumalen. Zum Schluß goldene Paillettensterne aufkleben oder aufnähen.

6. Den Vorhang säumen. Bei Scheibengardinen oder Stores oben den Saum so breit nähen, daß eine Vorhangstange durchgeschoben werden kann.

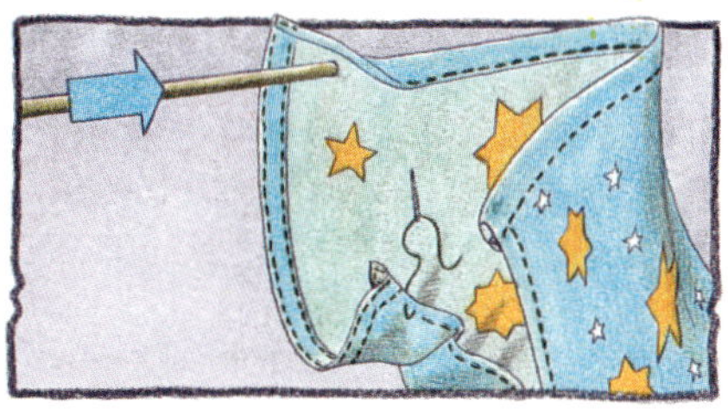

Adventsschmuck für Balkon und Garten

Ein Garten hat im Winter seinen eigenen Reiz. Aus Blumenstauden und Büschen werden kahle, bizarre Kunstwerke der Natur. Dazu passen diese Sterne aus Ton. Und wenn sie eines Tages mit Rauhreif und Schnee weiß überzogen sind, dann ist das Winterbild fertig.

Material:
Ton oder Backton
Wellholz oder runde Flasche
Messer, Kochlöffel
Holzstab oder Bambusstab
für das Druckmuster:
Bleistift, Filzstift
Zahnstocher u. a.

1. Der Winterschmuck ist aus Ton geformt und im Brennofen gebrannt. Man kann auch Backton nehmen, der im Backofen gebacken und genauso fest und hart wird. Den Ton 1 cm dick auf einem Holzbrett auswellen.

2. Aus Papier eine Schablone anfertigen, zum Beispiel einen Stern, eine Sonne oder einen Mond. Auf den Ton legen und mit einem Messer die Form herausschneiden. Schnittkanten mit dem Finger abrunden.

3. Muster eindrücken: mit einem Zahnstocher feine Linien ziehen, mit einem runden Stift dicke Punkte, mit einer Filzstiftkappe Kreise oder mit einem eckigen Stab kleine Quadrate eindrücken.

4. Für die Halterung eine kleine Tonrolle formen und über einen Kochlöffelstiel schieben.

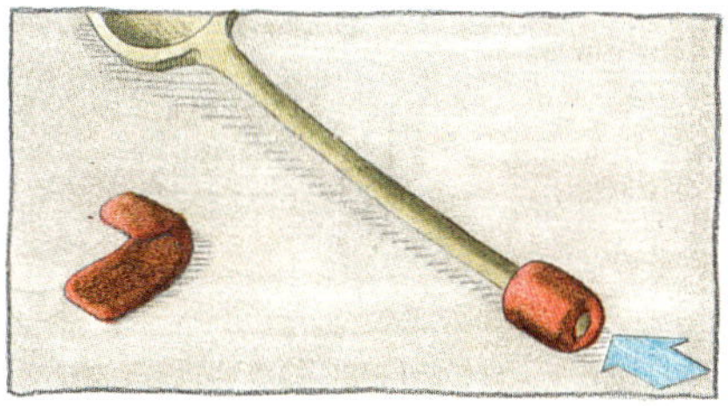

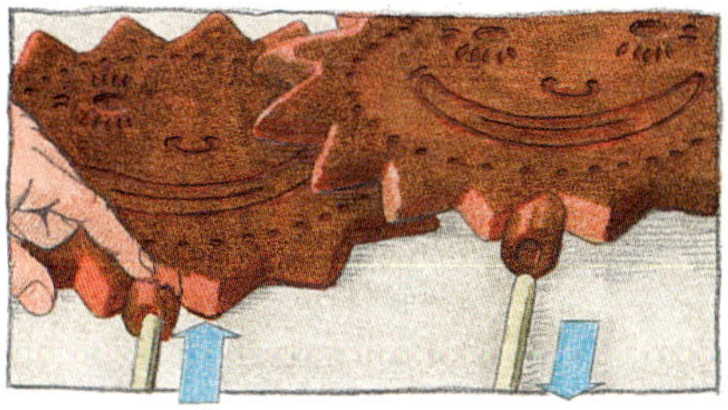

5. Die Rolle an die Form drücken, die Nahtstelle mit Schlick oder mit Ton und Wasser verstreichen, den Kochlöffel wieder herausziehen.

6. Die Form brennen. Zum Schluß den Stern auf einen Stab stecken und festkleben.

Wenn der Nikolaus kommt

Der Nikolaus ist da

Der Nikolaus kommt! Er stapft durch den Winterwald und schleppt seinen großen Sack, gefüllt mit Geschenken, hinter sich her. Bald wird er vor der Tür stehen und die braven Kinder beschenken. Aber erst am 6. Dezember! Und danach? Er wird sich bis zum nächsten Jahr verstecken. Wo? Das bleibt ein Geheimnis!

Material:
Zeitungspapier (für Pappmaché)
Schreibpapier
Küchenkrepp
Kleister, Pinsel
leere Flasche
Grundierfarbe
Wasserfarben
Watte, Jutetasche
Klebstoff und Schere

1. Zeitungspapier zu Pappmaché verarbeiten, genaue Beschreibung siehe Seite 133. Rund um die Flasche dick Pappmaché auftragen; zuerst nur die grobe Form der Nikolausfigur herausarbeiten.

2. Mit Hilfe von großen und kleinen Papierknäueln den Kopf, die Arme und den Bauch der Figur formen und mit Pappmaché überkleben.

3. Die letzte Schicht besteht aus Schreibpapier, in Stücke gerissen, eingekleistert und aufgeklebt.

4. Für Haare, Augenbrauen, Bart, Ärmelbesatz und Gürtel Küchenkrepptücher einzeln in Kleister tauchen, an den entsprechenden Stellen aufkleben und in die richtige Form drücken.

5. Die Figur vier Tage oder länger stehenlassen, bis sie ganz durchgetrocknet ist.

6. Den Nikolaus mit Wasserfarben anmalen, als Mantelsaum Watte aufkleben.

7. Einen Beutel aus Jutestoff mit Geschenkpäckchen füllen und dem Nikolaus in die Hand geben.

Nikolaus-Sammlung

Jetzt wird jeder Nikolaus gebraucht, ob aus Stoff, Holz, Pappe, Tannenzapfen oder Schokolade, ob zum Aufstellen, Aufhängen oder Aufessen! Die ganze Familie zieht los und durchsucht die Wohnung nach Nikoläusen. Auch beim Weihnachtsschmuck vom letzten Jahr wird nachgeschaut.

Material:
viele Nikoläuse
kleiner Spankorb oder Obstkorb oder eine Pappschachtel
Klebstoff
Kordel oder Geschenkband

1. Die Nikolaus-Parade findet in einem kleinen Spankorb statt, auch eine Papp-schachtel oder eine kleine Obstkiste ist dafür geeignet.

2. Ausprobieren, ob alle Figuren in der Schachtel Platz haben.

3. Alle Figuren auf den Schachtelboden kleben.

4. Wenn ein Nikolaus umkippt, die Figur von hinten mit einem kleinen Papierknäuel stabilisieren. Zum Schluß den Spankorb an einer Kordel oder einem Geschenkband auf-hängen.

Nikolausstiefel

Der Nikolaus war da! Und weil Tom vergessen hat, seine Schuhe vor die Tür zu stellen, hat der Nikolaus selbst einen Stiefel mitgebracht. Was für ein Glück! Im nächsten Jahr will Tom diesen roten Stiefel noch einmal vor die Tür stellen. Ob er dann wieder so randvoll gefüllt sein wird? Das kommt auf Toms Streiche an!

Material:
- rotes Tonpapier
- Goldband
- Schere, Locher
- Klebstoff
- kleine Geschenke

1. Aus Tonpapier alle Teile des Stiefels ausschneiden: die Sohle mit den Seitenteilen, die Stiefelspitze mit der Zunge und den Stiefelschaft.

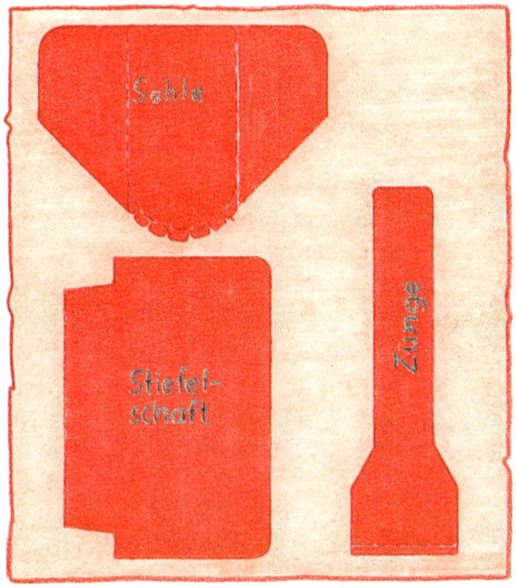

2. Mit einem Locher die Löcher für die Schnürsenkel im Stiefelschaft und in den Seitenteilen herausstanzen.

3. Alle drei Teile zusammenkleben.
Den Stiefelschaft nach vorne biegen und die Seitenteile des Schuhes nach oben knicken. Die Stiefelspitze mit der Zunge zurücklegen und die Seitenteile über die Zunge legen. Als Schnürsenkel ein goldenes Geschenkband einfädeln.

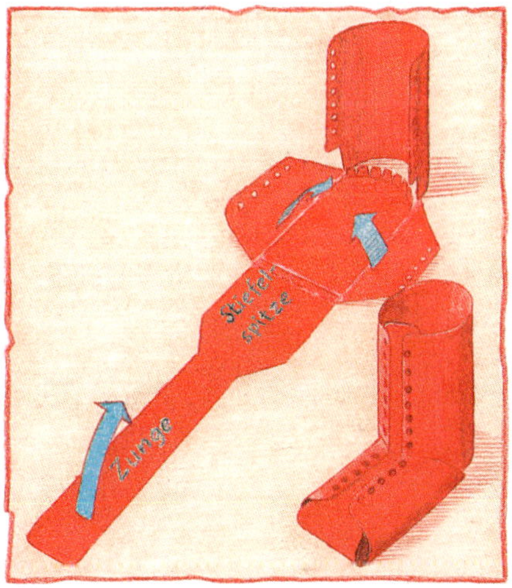

4. Das Band zur Schleife binden und dabei darauf achten, daß die Zunge innerhalb des Stiefels bleibt. Zum Schluß den Schuh mit kleinen Geschenken füllen.

Großer und kleiner Weihnachtsmann

Heute kommen alle beide, der große und der kleine Weihnachtsmann. Sie warten schon an der Haustür, daß man sie hereinläßt. Was sie wohl mitgebracht haben? Ihre Geschenke sind unter ihren Mänteln versteckt. Mehr wird nicht verraten!

Material:
Filz
Perle
Watte
Faden
Klebstoff, Schere

1. *Großer Weihnachtsmann: Filzteile zuschneiden und aneinanderkleben: roten Filz für Mantel und Mütze, hellbraunen Filz für das Gesicht.*

2. *Zu einem Schlauch zusammenkleben, die Nikolausmütze mit einem Faden abbinden.*

3. *Perlennase annähen, Filzaugen, Watteaugenbrauen und Wattebart ankleben.*

4. *Unter den großen Mantel paßt am besten eine Flasche.*

5. *Kleiner Weihnachtsmann: Dieser Weihnachtsmann ist so klein wie eine Fingerpuppe. Filzteile für Mantel und Gesicht werden zugeschnitten und dann zu einem Schlauch zusammengeklebt.*

6. *Aus rotem Filz wird ein Halbkreis ausgeschnitten, zu einer spitzen Mütze zusammengerollt und festgeklebt.*

7. *Eine kleine Perlennase annähen, die Augen aufmalen, aus Watte einen Bart und Augenbrauen aufkleben. Fertig! Natürlich passen unter diesen Mantel nur winzig kleine Geschenke.*

Weihnachtsfrau

Natürlich hat der Weihnachtsmann auch eine Weihnachtsfrau. Hier ist sie mit ihrem Weihnachtsmädchen unterwegs, um Geschenke zu verteilen. Sie denkt sehr praktisch und hat für jedes Kind einen extra Beutel gefüllt. Jetzt muß sie nur noch die Namen der Kinder daraufschreiben.

Material:
Pfeifenputzer
weiße Wattekugeln
kleine rosa Wattekugeln
Filz in verschiedenen Farben
Engelshaar
Faden, Nadel, Schere
Klebstoff

1. Aus zwei Pfeifenputzern Beine und Körper biegen, verdrillen und in den Wattekugelkopf stecken.

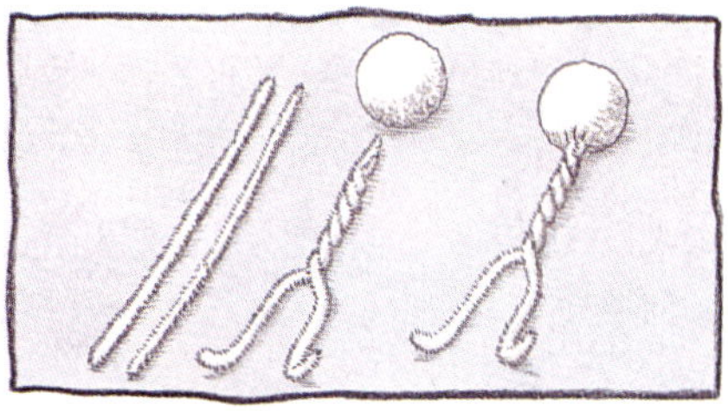

2. Als Arme einen Pfeifenputzer um den Körper wickeln und an beiden Enden Wattekugelhände festkleben.

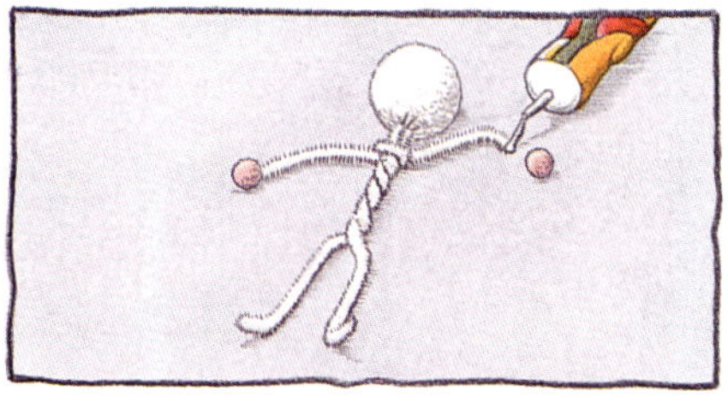

3. Aus Filz ein Kleid zuschneiden. Die Nähte übereinanderkleben und den Ärmelbund mit einem Faden umwickeln.

4. Mit Filzstift ein Gesicht aufmalen. Engelshaarlocken ankleben, die Filzmütze zusammenkleben und den Zipfel der Mütze mit einem Faden zusammenbinden.

5. Die Filzschuhe wie kleine Säckchen nähen und über die Pfeifenputzerfüße ziehen. Aus Filz die Geschenkbeutel nähen und mit einem Faden zuschnüren.

6. Das Weihnachtsmädchen wird wie die Weihnachtsfrau aus Pfeifenputzern, Filz, Wattekugeln und Engelshaar gebastelt. Den Filzumhang mit einem Faden zubinden und die runde Filzkappe aufkleben.

Knuspersäckchen

Diese kleinen Knuspersäckchen haben es in sich! Wer daran knabbert, wird es gleich merken – in jedem ist eine ganze Nuß versteckt. Wenn diese Knuspersäckchen in rotes Pergamentpapier eingewickelt und mit einem goldenen Ringelband zugebunden werden, dann sehen sie wie Nikolaussäckchen aus.

Material:
300 g Mehl, 100 g Puderzucker, 1 Päckchen Vanillinzucker, 100 g geriebene Haselnüsse, 250 g Margarine, 20 g Kakaopulver, jeweils 1 Teelöffel Zimt und Kardamom
rotes Pergamentpapier, Ringelband

1. Alle Zutaten in eine Schüssel geben und gut durchkneten.

2. Den Teig eine Stunde kühl stellen. Dann in dicke Rollen formen, einzelne Scheiben abschneiden und eine Haselnuß in die Mitte legen.

3. Den Teig rund um die Haselnuß hochziehen und zu einem Säckchen formen.

4. Im vorgeheizten Backofen bei 160° etwa 20 bis 25 Minuten backen, je nach Größe der Knuspersäckchen.

5. So werden die Nikolaussäckchen verpackt: rotes Pergamentpapier 20 x 20 cm zuschneiden, Nußgebäck in die Mitte setzen.

6. Die Ecken des Papiers hochziehen und mit einem goldenen Ringelband wie ein Säckchen zubinden.

Räuchermann

Abends wird es erst so richtig gemütlich, wenn der Räuchermann seine Pfeife anzündet und der würzige Duft der Räucherkerze sich im Zimmer ausbreitet. Es riecht nach Weihnachten, sagen die Kinder. Und wer genau hinschaut, erkennt, daß es St. Nikolaus ist, der hier sein Pfeifchen schmaucht.

Material:
Ton oder Backton
Wellholz oder runde Flasche
Messer
Deckfarben, Zweig
Blechdeckel
Räucherkerzen
✂

1. Den Ton etwa $1/2$ cm dick auswellen. Mit dem Messer einen Halbkreis ausschneiden, daraus einen Kegel formen und die Spitze abschneiden.

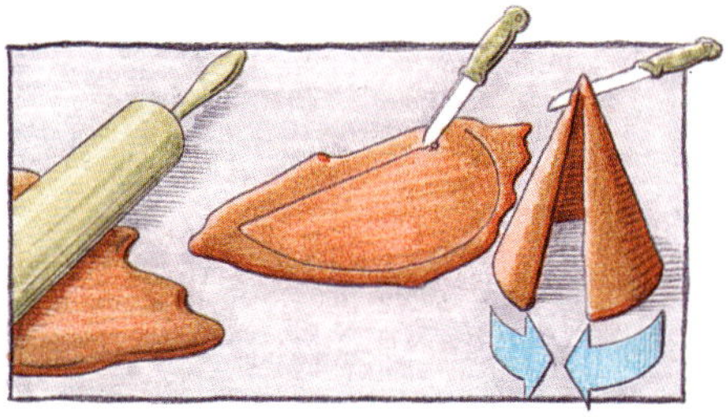

2. Aus der Kugel einen Kopf formen und ein Loch eindrücken, damit später der Rauch durch den Mund abziehen kann. Den Kopf auf den Kegel setzen.

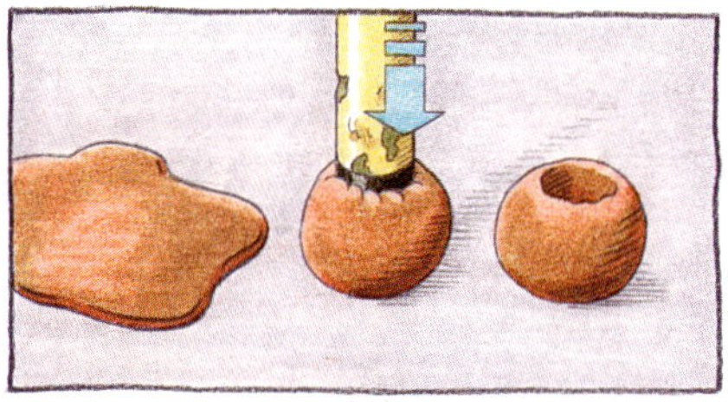

3. Nase, Ohren, Bart, Hut, Arme und Mantelkragen extra modellieren und andrücken, wenn nötig mit Schlick oder Ton und Wasser verbinden.

4. Den Ton dünn auswellen, einen Mantel ausschneiden und dem Räuchermann über die Schulter legen. Der Mantel muß hinten bis auf den Boden reichen. Über dem Bart eine Mundöffnung herausschneiden.

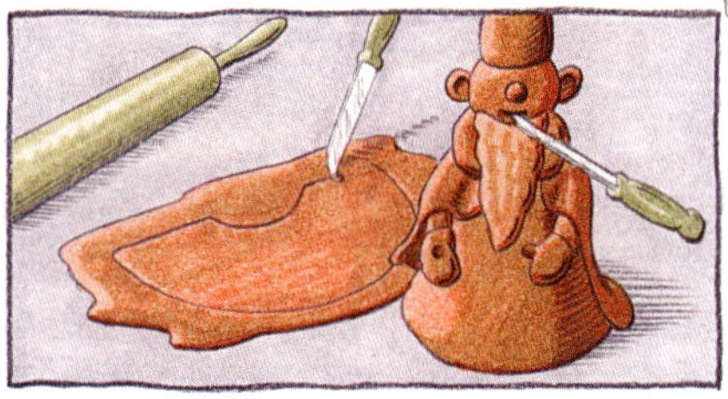

5. Unter dem Mantel eine Kerbe in den Kegel schneiden.

6. Ton brennen oder Backton backen, mit Deckfarben bemalen, einen Zweig in die Hand stecken.

7. Eine Räucherkerze auf einen Blechdeckel stellen, anzünden, die Flamme wieder ausblasen, so daß der Kegel nur noch glüht. Den Nikolaus darüberstellen – schon beginnt er zu rauchen.

Erdnußwichtel

Sie schaukeln an Zweigen, baumeln an Fenstern, turnen an Adventskränzen, purzeln über den festlich gedeckten Tisch oder sitzen mitten auf dem Weihnachtsteller zwischen Nüssen und Lebkuchen. Meistens treten sie in einer großen Schar auf. Wer sind sie? Das sind die kleinen Weihnachtswichtel!

Material:
Erdnüsse in der Schale
rote Plakafarbe
Pinsel
Filzstift
Watte
Faden und Nadel

1. Die Wichtel bekommen aus roter Plakafarbe eine Mütze und einen Mantel. Das Gesicht bleibt frei. Dann Augen und Nase mit Filzstift aufmalen. Achtung: Vor dem Anmalen zuerst die Form der Erdnuß genau anschauen, denn das schmal zulaufende, leicht gebogene Ende wird die Zipfelmütze!

2. Ein kleines Stück Watte zurechtzupfen, in der Mitte verdrillen und dem Wichtel als großen Backenbart unter die Nase kleben.

3. Mit der Nadel einen Faden durch die Mütze ziehen und zu einer Schlaufe knüpfen.

Nikolaustasche

Ein Schneemann sitzt vor der Tür. Der Nikolaus hat ihn dort abgestellt, damit er auf die Nikolauspäckchen aufpaßt. Und wer sich nach Weihnachten von dem Schneemann nicht trennen will, der kann ihn mitsamt der Tasche als lustiges Bild an die Wand hängen.

Material:
Jutestoff oder Jutetasche
Watte oder Füllwatte
schwarzer und gelber Filz
Zweige oder braune Wolle

1. Einen Einkaufsbeutel aus Jute nehmen oder eine Tasche aus Jutestoff nähen. Watte oder Füllwatte auseinanderzupfen und einen Schneemann und dicke Schneeflocken auf den Stoff drücken. Wenn die Watte nicht hält, einfach aufkleben.

2. Den Hut, die Augen und die Knöpfe aus schwarzem Filz ausschneiden und aufkleben.

3. Als Mund einen kleinen Zweig aufkleben, ebenso den dünnen Stab. Wer keine passenden Zweige findet, der kann statt dessen auch dicke braune Wolle nehmen. Zum Schluß bekommt der Schneemann eine große, gelbe Rübennase aus Filz aufgeklebt.

Apfelmännchen

Es heißt, daß zur Weihnachtszeit die Zwerge und Wichtel aus ihren Wohnungen unter der Erde hervorkommen und besonders liebe Menschen mit einem Besuch und wunderbaren Geschenken belohnen. Hier stehen zwei, als Apfelmännchen verkleidet, und warten darauf, daß man sie einläßt.

Material:
große rote Äpfel
Walnüsse
Zahnstocher
Watte, Buntstifte
Kreppapier, Faden
Goldband
kleine Glaskugeln
Sternenband und
Basteldraht

1. *Den Apfel mit einem weichen Tuch polieren, bis er schön glänzt. Mit der Scherenspitze oder einem Messer ein kleines Loch in die Walnuß bohren.*

2. *Die Walnuß mit einem Zahnstocher als Kopf auf den Apfel stecken. Wattebart und buschige Watteaugenbrauen aufkleben. Mit Buntstiften Augen, Nase und Mund aufmalen.*

3. *Aus einem Kreppapierstreifen eine Mütze wickeln und oben mit einem Faden abbinden. Dem Apfelmännchen die Mütze aufkleben.*

4. *Einen Kreppapiermantel ausschneiden, um den Apfel legen, zusammenraffen und unterhalb des Kragens festbinden. Kleine Glaskugeln oder ein um Draht gewundenes Sternenband im Mantel feststecken.*

Bald ist Weihnachten

Christkindlmarkt

Alle Jahre wieder kommt der Christkindlmarkt mit seinen bunten Ständen. Es glitzert und funkelt, Spieluhren klimpern Weihnachtslieder, und es riecht herrlich nach Lebkuchen. Wer Zeit und Geduld hat, der kann einen kleinen Marktstand fürs Zimmer basteln. Natürlich müssen auch hier täglich die Auslagen neu aufgefüllt werden.

Material:
Schachtel, Brettchen einer Obstkiste
Äste, Stück einer Schilfrohrmatte
Lämpchen, Batterie mit Aufsatz
Tonpapier
Gold- und Silberfolie
Rosinen, Basteldraht
Schere, Papiermesser
Klebstoff

1. Die Seitenwände einer Schachtel abschrägen, so wird aus dem Deckel ein Schrägdach; ein Schaufenster herausschneiden, dabei einen Streifen für die Auslagen stehenlassen und nach hinten klappen.

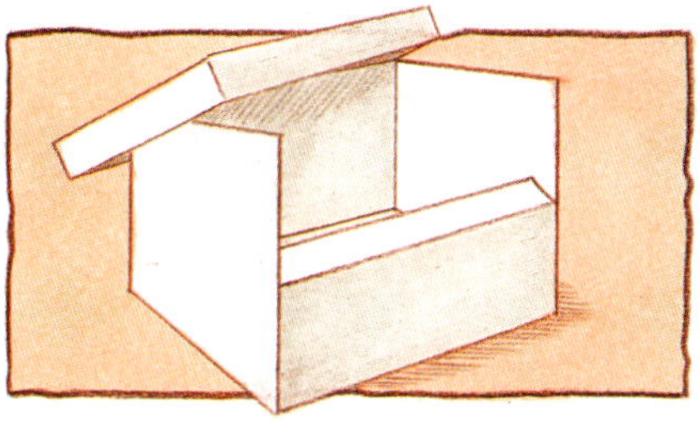

2. Den Innenraum mit Goldfolie auskleiden, auf der Rückseite eine kleine Tür einschneiden. An der Decke ein Lämpchen installieren, das mit einer Batterie samt Schalteraufsatz verbunden ist.

3. Nach den Maßen der Schachtel die Seitenwände mit dünnen Holzlatten, die Vorderseite mit längs gespaltenen Ästen und das Dach mit einer Schilfrohrmatte bekleben.

4. Für die Auslagen einen Kartonstreifen zuschneiden und auf den zurückgeklappten Streifen kleben.

5. Aus Tonpapier kleine Schachteln falten, siehe Seite 91, und mit kleinen Dingen füllen.

6. Die Rosinenfrau wird wie die Zwetschgenfrau von Seite 73 gebastelt. Sie hat einen Perlenkopf und Kreppapierkleider.

7. Am Dach glitzert ein kleiner Goldfolienstern. Für die Girlande wurde ein Blumendraht zwischen zwei dünne Silberfolienstreifen geklebt und viele Fransen mit der Schere eingeschnitten.

Zwetschgenmann und Zwetschgenfrau

Der Zwetschgenmann und seine Zwetschgenfrau machen sich auf den Weg zum Christkindlmarkt. Da gehören sie nämlich hin. Das wissen auch die Kinder und warten auf die beiden. Solche Männchen aus gedörrten Zwetschgen gab es schon vor 100 Jahren. Und – wie kann es anders sein – sie sahen damals genauso aus wie heute.

Material:
gedörrte Zwetschgen
getrocknete Feigen
Walnuß
1 mm starker
Blumendraht
Drahtzange
Kork, Holzscheibe
Papier, Filz- oder
Stoffreste
✂

1. Auf zwei etwa 30 cm lange Drahtstücke jeweils zwei Zwetschgen als Beine aufreihen. Den Draht abknicken, damit die Zwetschgen nicht herunterrutschen.

2. Vier oder fünf Feigen über beide Drähte schieben, das ist der Bauch.

3. Jetzt die beiden Drähte als Arme nach außen biegen und jeweils zwei Zwetschgen durchstecken. Aus Papier Hände ausschneiden und ankleben.

4. In eine Walnuß ein kleines Loch stechen. Die Nuß auf einen etwa 12 cm langen Draht stecken, den Draht durch den Feigenbauch schieben und unten umbiegen. So werden gleichzeitig die Feigen festgehalten.

5. Vorsicht bei dieser Arbeit: Einen Weinkorken mit einem Messer der Länge nach halbieren, das sind die Schuhe. Die Fußdrähte in die Korken stecken, und die Korkschuhe auf eine Holzscheibe kleben.

6. Ein Gesicht auf die Walnuß malen oder Augen, Nase, Mund und Ohren aus Knete formen und aufdrücken.

7. Aus Papier, Filz oder Stoffresten die Kleider zuschneiden und nähen oder kleben.

Wünsche an das Christkind

„Was wünschst du dir zu Weihnachten?“ So werden nicht nur die Kinder gefragt. Hier kann die ganze Familie ihre Wünsche auf einzelne Zettel schreiben, den Namen nicht vergessen, und alle Wunschzettel in den Beutel stecken. Wer jetzt nach Wünschen fragt, der braucht nur in den Wunschbeutel zu greifen und einen Zettel herauszuholen.

Material:
Jute oder Stoff
Nadel, Faden
verschiedenfarbiger Filz
Schere, Klebstoff
Schnur
Pappkarton
✂

1. Aus Jutestoff einen kleinen Sack nähen.

2. Aus verschiedenfarbigem Filz Nikolaus, Schneemann, Sterne und Wolke ausschneiden, dann aufkleben oder aufnähen.

3. Der Nikolaus bekommt einen Wattebart, der Schneemann aus Filz eine Nase, Augen und Knöpfe.

4. Wunschsack mit einer Schnur zubinden. Eine Karte anhängen, auf der steht, was die ganze Familie und alle Freunde mit diesem Wunschbeutel machen können.

Weihnachtsbriefpapier

Schneemann und Nikolaus wandern hier über Briefpapier und Umschlag. In der einen Ecke fallen Schneeflocken, in der andern leuchtet ein Adventslicht. Je nach Stimmung und Laune wurden diese Stempelbilder gedruckt. Wer wird wohl den schönen Nachthimmel-Brief mit den gelben Sternen bekommen?

Material:
flache Radiergummis
Schere oder Skalpell (Bastelmesser)
Wasserfarbe, Plakafarbe oder Dispersionsfarbe,
feine Pinsel
Briefpapier oder Tonpapier
Briefumschläge

1. *Zuerst die Formen auf Radiergummis zeichnen, dann mit Schere oder Skalpell vorsichtig ausschneiden. Ein Motiv kann auch aus mehreren Stempeln zusammengesetzt werden; der Schneemann besteht zum Beispiel aus einzelnen Schneekugeln und einem Zylinderhut; oder für die Kerze wird das Kerzenlicht gesondert ausgeschnitten.*

2. *Die Farbe wird mit dem Pinsel auf den Stempel aufgetragen. Dabei können gleichzeitig verschiedene Farben aufgemalt werden; zum Beispiel bekommt der Nikolaus einen roten Mantel, jedoch werden Gesicht, Sack und Stiefel braun. Entsprechend fällt das Stempelbild aus. Wer will, der kann das gestempelte Bild mit dünnen Pinselstrichen ergänzen, zum Beispiel bei der Kerze einen Docht oder beim Schneemann die gelbe Rübennase dazumalen.*

3. *Auf Briefpapier und Briefumschlag die gleichen Motive stempeln. Besonders schön sieht es aus, wenn als Briefpapier farbiges Tonpapier verwendet wird.*

Großer Weihnachtsstern

Wenn der große goldene Weihnachtsstern am Fenster aufgehängt wird, dann wissen die Kinder: Bald ist Weihnachten! Bei jedem Luftzug bewegt sich der Stern sanft hin und her und schimmert und glänzt. Doch am schönsten erstrahlt sein Sternengold abends im sanften Kerzenlicht.

Material:
Goldfolie,
etwa 40 cm breit und 250 cm lang
Faden und Nadel
Schere, Klebstoff
Goldfaden zum Aufhängen

1. Eine 2,5 m lange Goldfolie im Zickzackmuster falten. Die einzelnen Faltstreifen sollten etwa 3 cm breit sein.

2. Wenn die Goldfolie nicht lang genug ist, einfach ein weiteres Stück ankleben. Das ist dann beim gefalteten Stern nicht mehr zu sehen.

3. Mehrere Zacken auf einer Seite einschneiden. Achtung: Nicht alle Faltstreifen auf einmal einschneiden, sondern immer nur zwei oder drei nehmen.

4. Den Stern mit Nadel und Faden an einem Ende auffädeln.

5. Die Streifen auffächern, zum Stern schließen und den Faden verknoten. Den ersten und letzten Faltstreifen zusammenkleben.

6. An einem Goldfaden aufhängen.

Puppenstubengeschirr

Der Kaffeetisch ist gedeckt, eingeladen sind die Puppenkinder, Teddybären und Kuscheltiere. Die Puppenmutter erwartet viele Gäste zu ihrem Adventsfest. Wenn die Gedecke nicht ausreichen, sind schnell weitere Tassen, Teller und Kannen für Kaffee, Tee oder Milch gebastelt.

Material:
Fimo in unterschiedlichen Farben oder eine andere Modelliermasse wie Salzteig, Backton oder Keramiplast
Wellholz oder runde Flasche
Messer
Filzstifte

1. Teller: Modelliermasse dünn auswellen, mit einem kleinen Glas Scheiben ausstechen, den Rand der Teller etwas nach oben wölben.

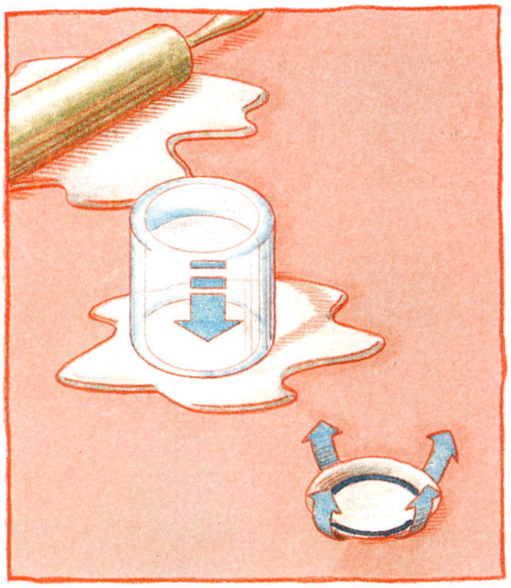

2. Tassen: Aus Kugeln kleine Tassen formen, mit Bleistift eine Kuhle in die Tasse drücken. Die Unterteller ausstechen, Tasse und Untertasse aufeinanderdrücken.

3. Kaffeekanne: Die Kanne mit Henkel und Deckel modellieren. Das Geschirr trocknen lassen, dann mit Filzstift ein Muster aufmalen.

4. Adventskranz: Einen kleinen Ring formen. Das rote Band sowie die Kerzen mit Kerzendocht extra formen und auf den Kranz aufdrücken.

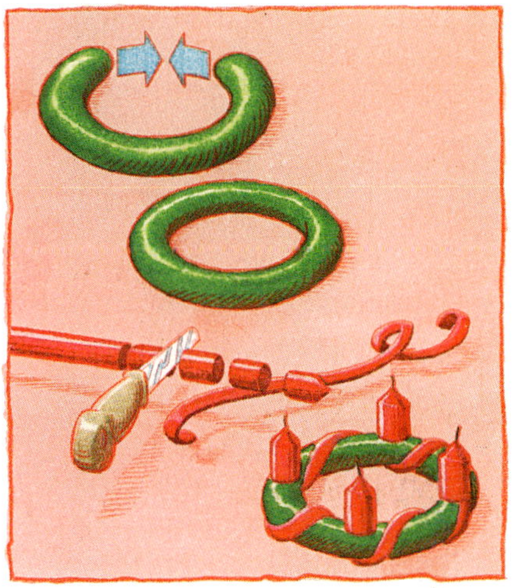

Gestickte Bilder

Dieses Weihnachtsbild hat Jonas selbst entworfen und auch selbst gestickt. Das fertige Bild hat er auf einen Karton und den Karton dann auf eine Schachtel geklebt. Diese schenkte er als Weihnachtsüberraschung seiner staunenden Patentante.

Material:
Stoff, am besten geeignet ist Stramin
Stickgarn in verschiedenen Farben
Nadel, Schere
kariertes Blatt Papier
Buntstifte
Karton, Schachtel

1. *Ein Bild entwerfen und farbig ausmalen, dabei einfache Motive auswählen.*

2. *Den Entwurf mit kleinen Kreuzen auf kariertes Papier übertragen. Die Kreuze gleich mit der richtigen Farbe einzeichnen.*

3. *Das Bild mit dünnen Bleistiftlinien auf den Stoff übertragen.*

4. *Das Bild mit Kreuzstichen von unten nach oben sticken.*

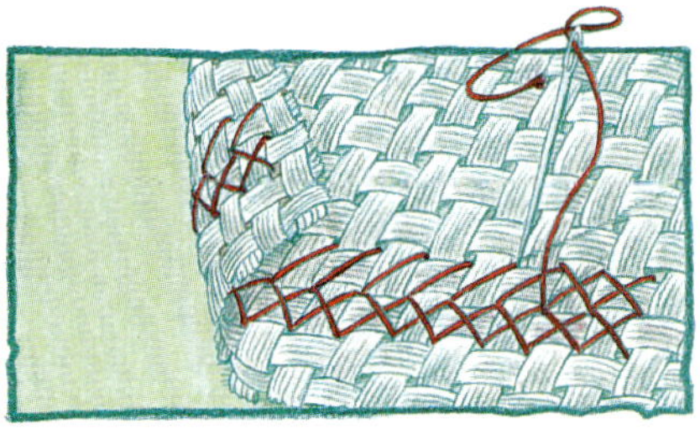

5. *Nikolaus: Zuerst den Mantel (rotes Garn), dann das Gesicht (hellrosa), die Haare und den Bart (weiß), dann die Augen und den Stock (braun) sticken.*

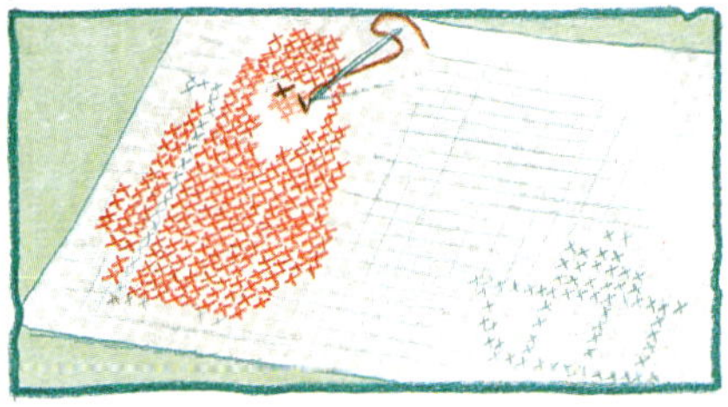

6. *Schlitten: Zuerst den Schlitten (braun), danach die bunten Päckchen sticken.*

Weihnachtsgrüße

So eine Überraschung! Kaum öffnet man die Weihnachtsgrußkarte, da klappt einem vor der Nase ein Weihnachtszimmer mit einem geschmückten Weihnachtsbaum auf oder ein Haus in sternenklarer Winternacht. Diese Karten können sogar als Weihnachtsschmuck aufgestellt werden.

Material:

Kartonpapier
Malstifte, Schere
Klebstoff

1. Zimmer mit Tannenbaum: Zuerst den Hintergrund der Karte malen und die Karte dann in der Mitte falten. Unten eine Ecke wegschneiden und eine Klebelasche einschneiden. Das Zimmer im Mittelfalz knicken und den Boden mit der Klebelasche festkleben. Den Weihnachtsbaum zweimal aus Kartonpapier ausschneiden, bemalen und einen Baum oben, den andern unten einschneiden, so daß sie ineinandergesteckt werden können. Den unteren Rand des Baumes jeweils umknicken und genau auf das gekennzeichnete Mittelkreuz kleben. Beim Zuklappen der Karte den Boden vorne nach oben klappen, der Baum wird gleichzeitig zusammengefaltet.

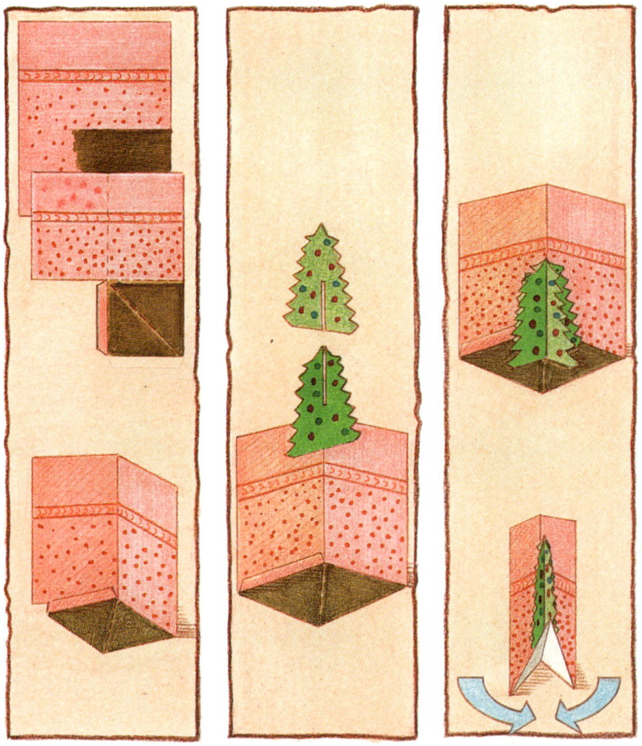

2. Haus: Zuerst den Hintergrund der Karte malen und die Karte in der Mitte falten. Einen passenden Steg zuschneiden, in der Mitte falten und an den Seiten festkleben. Ein Haus in passender Breite auf Kartonpapier malen, Klebelaschen nicht vergessen, und ausschneiden. Das Haus in der Mitte falten, die Klebelaschen nach hinten knicken und an den Seitenwänden festkleben, und zwar genau auf den Mittellinien, so daß das Haus hinter dem Steg bleibt. Beim Schließen der Karte wird der Steg nach oben geschoben, dabei klappt das Haus im Mittelfalz zusammen.

Klangkasten für eine Spieluhr

Die kleine Spieluhr lag lange Zeit unbeachtet in der Schreibtischschublade von Felix. Doch jetzt, mit diesem schönen neuen Klangkasten, ist sie etwas Besonderes geworden. Sie steht als Weihnachtsschmuck auf dem Tisch, und die ganze Familie spielt damit.

Material:

kleine Spieluhr
Holzkästchen oder kleine Teekiste
Holzfeile
Plakafarben
kleine Schrauben
Spielzeugfiguren
Schmuckband
Klebstoff

Dies ist eine Spieluhr mit Kurbelantrieb. Man kann in den selbstgebastelten Klangkasten auch ein Musikwerk mit Zugschnur einbauen.

Kleine Spieluhren gibt es als Geschenkartikel in Warenhäusern oder Schreibwarenläden zu kaufen. Und so wird daraus eine Weihnachts-Spieluhr:

1. Ein Holzkästchen auf den Kopf stellen. Die Spieluhr so in den Deckel legen, daß die Kurbel außen gedreht werden kann. In den Deckelrand eine Kerbe feilen.

2. Das Holzkästchen mit Plakafarben bunt anmalen und trocknen lassen.

3. Die Spieluhr mit kurzen Schrauben am Deckel festschrauben oder mit einem geeigneten Klebstoff festkleben.

4. Die Spielzeugfiguren auf dem Kästchen anordnen und festkleben.

5. Ein Sternchen-Geschenkband um einen dünnen Draht wickeln, zurechtbiegen und festkleben. Schmuckbänder dieser Art kann man in Bastel- oder Schreibwarengeschäften kaufen.

Weihnachtskarte als Fensterbild

Das ist eine ganz besondere Weihnachtskarte, die Bastian hier konstruiert hat. Zuerst klappt man die Fensterläden an der Karte auf, zieht die Doppelkarte auseinander und steckt sie wie eine Schachtel zusammen. Doch erst wenn Licht durch das Fenster fällt, erkennt man, was „draußen“ zu sehen ist.

Material:
weißer Fotokarton
schwarzes und rotes Tonpapier
Pergamentpapier
Stecknadel
Schere, Klebstoff
Briefumschlag
✂

1. *Aus weißem Fotokarton einen Fensterrahmen mit Klappläden ausschneiden. Aus schwarzem Tonpapier den gleichen Rahmen mit den dazugehörigen Seitenwänden und Klebelaschen zuschneiden.*

2. *Ein Klappdach aus rotem Tonpapier und eine Bodenklappe aus schwarzem Tonpapier ausschneiden, Steck- und Klebelaschen nicht vergessen.*

3. *Bei der Bodenklappe wird auf die Lasche ein Panoramabild gezeichnet und ausgeschnitten.*

4. *Blaues Pergamentpapier zuschneiden. Den Kometen herausschneiden und mit gelben und roten Pergamentpapierstreifen hinterkleben. Mit einer Stecknadel Löcher einstechen, sie leuchten dann wie Sterne.*

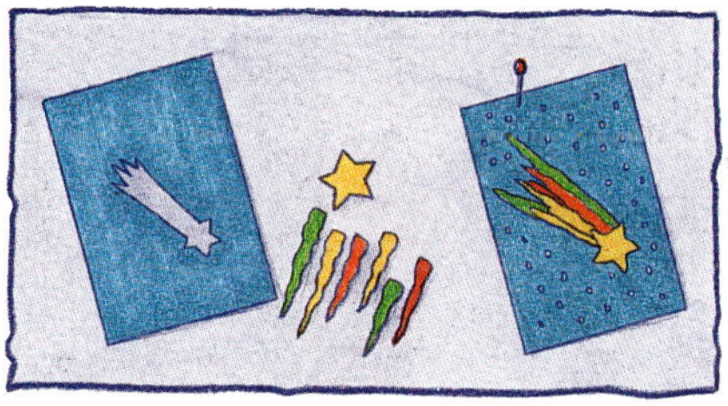

5. *Das Bild auf den schwarzen Rahmen und diesen auf den weißen Fensterrahmen kleben.*

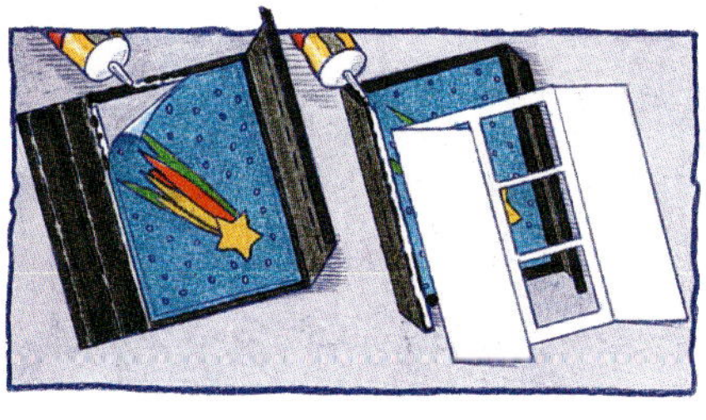

6. *Dach und „Panoramaboden" knikken und ankleben. Das Fensterbild wie eine Schachtel zusammenstecken.*

7. *Beim Zusammenklappen zuerst Dach und Panoramabild herausziehen, dann die Seitenwände am Mittelknick nach innen falten, ebenso Dach und Bodenteil, und die Fensterläden schließen.*

Geschenkschachteln aus Papier

Papierschachteln selbst gemacht, nur geschnitten und gefaltet, ganz ohne zu kleben – das ist eine alte Papierfaltkunst, beinahe schon vergessen und doch so einfach! Mal ist es ein Schatzkästchen mit glitzerndem Schneekristall, mal eine Wunderschachtel, bei der eine Schachtel in der anderen steckt.

Material:
Fotokarton
Schere
Papier
Leim, Pinsel
Glimmer

1. Tonpapier quadratisch zuschneiden. Ein Diagonalkreuz falten, wieder öffnen, dann alle vier Ecken zum Mittelpunkt falten.

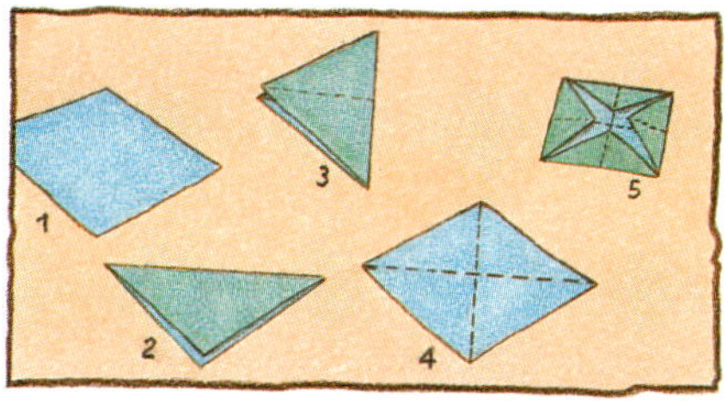

2. Alle vier neuen Seiten einzeln zur Mitte falten und wieder zurückklappen.

3. Zwei gegenüberliegende Ecken entlang der Falzlinien einschneiden.

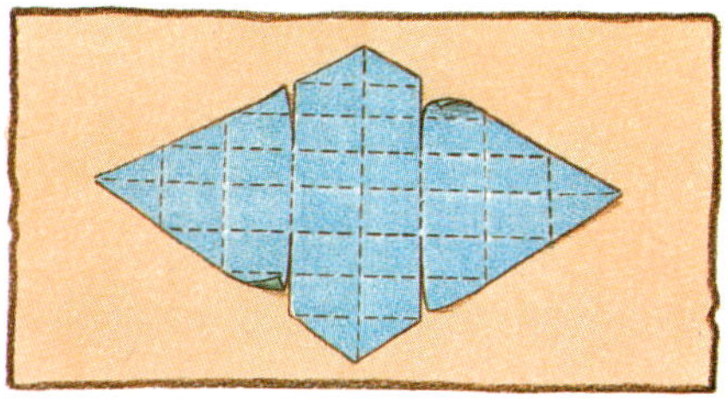

4. Die beiden anderen Ecken zur Mitte falten, einen Rand hochstellen. Die spitzen Zipfel rechts und links nach innen knicken und als Schachtelrand hintereinanderstellen.

5. Die beiden anderen Ecken hochknicken und über den Rand nach innen falten. Die Ecken in die Mitte der Schachtel legen, so daß zum Schluß alle vier Ecken aufeinanderstoßen.

6. Für den Schachtelboden muß das Faltblatt 1 cm kleiner sein, damit der Boden auch in den Schachteldeckel paßt. Auf diese Weise kann man viele immer kleiner werdende „Wunderschachteln" falten, die alle ineinanderpassen.

7. So kommt der glitzernde Schneekristall auf den Schachteldeckel: Ein Faltschnittdeckchen als Schablone auf den Deckel legen, mit Leim überstreichen und auf die Klebestellen Glimmer streuen.

Weihnachtsteller

Ein Teller, extra für Weihnachten, mit himmelblauem Papierdekor und leuchtendgelben Sternchen. Jeden Tag liegt etwas anderes darauf. Mal sind es Nüsse und Mandarinen, mal Lebkuchen und Weihnachtsplätzchen – und manchmal sogar Überraschungspäckchen.

Material:
Teller
Kleister, Pinsel
Schreibpapier
Geschenkpapier
Goldpapier
Klarlack (Umweltzeichen beachten!)

1. *Einen Teller mit Salatöl bestreichen, damit später der Papierteller leicht wieder abgelöst werden kann.*

2. *Kleister mit Wasser anrühren. Kleisterpulver gibt es in Bastel- und Schreibwarenläden.*

3. *Schreibpapier in Stücke reißen, mit Kleister bestreichen und auf dem Teller festdrücken.*

4. *Fünf bis sechs Papierschichten übereinanderkleistern. Achtung: Nur bis zum Tellerrand kleben, nicht um den Rand legen, sonst kann man den Kleisterpapierteller nicht mehr ablösen.*

5. *Für die letzte Schicht schönes Papier nehmen, zum Beispiel Seidenpapier, Geschenkpapier oder selbst bemaltes Buntpapier. Auch ein paar Goldsterne aufkleben.*

6. *Mindestens drei Tage trocknen lassen.*

7. *Papierteller aus der Form lösen und mit Klarlack zwei- bis dreimal bestreichen. So bleibt der Teller fest und weicht bei Zuckerkringeln und Lebkuchen nicht auf.*

Vergoldeter Naturschmuck

Beim nächsten Spaziergang sollten die Kinder Bäume und Büsche einmal genauer betrachten. Dort sind nämlich ganz besondere Schmuckstücke zu finden! Ob rund, lang, eckig, glatt, stachelig oder gebogen – mit Goldfarbe verziert wird daraus der schönste Christbaumschmuck.

Material:
Blätter, Früchte
Zapfen, Zweige
Goldfarbe, Pinsel
Basteldraht

1. Die Früchte und Blätter werden mit goldener Plakafarbe angemalt; dabei mit einem Borstenpinsel großzügig über Flächen, Spitzen und Kanten pinseln und auch ab und zu eine Fläche frei lassen. Dann die Farbe trocknen lassen. Zum Aufhängen einen dünnen Basteldraht befestigen.

2. Das alles kann man als Christbaumschmuck sammeln:
Bucheckern
Kastanien, Eicheln und Eichelbecher
Tannenzapfen
Kiefernzapfen
Haselnuß in der Schale
Ahornfrüchte
Eßkastanien in der stacheligen Schale
Buchsbaumzweig
Stechpalmenzweig

Geschenkpapier selbst gemacht

Wer hat denn da auf dem Papier seine Spuren hinterlassen? Das waren Bär, Hase, Rabe und der Nikolaus. Und jetzt ist daraus ein Geschenkpapier geworden. Wem es gefällt, der kann es auch als Poster an die Wand hängen. Oder ist der bunte Sternenhimmel oder die lustige Schneemann-Parade besser dafür geeignet?

Material:
Packpapier, Tonpapier
Plakafarbe, Pinsel
Zahnbürste
Kartonstreifen
Stempel aus:
Kartoffeln, Weinkorken und Karton
Messer, Schere

1. Spuren im Schnee: Zahnbürste in weiße Farbe tunken und über die Kante eines Kartonstreifens ziehen, dabei spritzt die Farbe auf das Packpapier. Dann Kartoffelstempel zuschneiden für die Spuren von Bär, Hase, Rabe und die Fußstapfen von Nikolaus. Auf die Kartoffelstempel Farbe aufpinseln und die „Spuren im Schnee" stempeln.

2. Weihnachtssterne: Mit einem dicken Pinsel auf Packpapier breite, bunte Streifen aufmalen und die Farbe gut trocknen lassen. In der Zwischenzeit aus Karton verschieden große Sterne ausschneiden, die als Schablonen dienen. Sie werden einzeln auf das bemalte Packpapier gelegt und mit weißer Farbe überpinselt. Dann die Schablonen abheben, an eine andere Stelle legen und wieder übermalen ... usw.

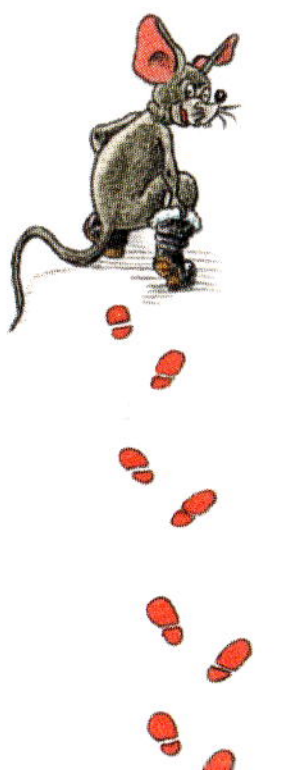

3. Schneemänner: Mit Korkenstempel und weißer Farbe viele Schneemänner auf Tonpapier stempeln. Dann Kartoffelstempel für Hut und Nase zuschneiden und gelbe Nasen und verschiedenfarbige Hüte stempeln.

Schatzkästchen

Mit diesen Geschenkschachteln kommen auch kleine Geschenke ganz groß heraus. Dafür sorgen die musizierenden Mäuse oder der kleine Weihnachtsbaum. Diesmal wird die „Verpackung" bestimmt nicht weggeworfen. Kaum zu glauben, wie einfach und schnell diese Kästchen gebastelt sind.

Material:
Holz-, Span- oder Pappschachteln
Spielzeugfiguren oder Christbaumanhänger oder Geschenkanhänger
Seidenpapier
Stoffrest
Schere, Klebstoff

1. Mäuseschachtel: Den Schachteldeckel und den Schachtelbehälter einzeln mit Seidenpapier einschlagen.

2. Die Figuren sind Geschenkanhänger. Sie werden einfach auf das Seidenpapier des Deckels geklebt.

3. Kleiner Weihnachtsbaum: Auf den Schachteldeckel einen Stoff kleben, der seitlich bis zum Schachtelboden herabhängt. Die Figuren sind Christbaumanhänger, die Aufhängeschlaufen werden abgeschnitten. Zuerst die Figuren auf der Schachtel hübsch anordnen, dann alles an Ort und Stelle festkleben.

Weihnachtspost-Girlande

Wohin mit der Weihnachtspost? Die Karten und Briefe sind viel zu schön, als daß man sie übereinandergestapelt in der Schublade verschwinden läßt. Bei dieser Weihnachtspost-Girlande kommen alle Weihnachtsgrüße zur Geltung und tragen sogar als Zimmerschmuck zur Weihnachtsstimmung bei.

Material:
Goldband oder goldene Weihnachtsschmuckkette
Wäscheklammern aus Holz
goldene Plakafarbe
Pinsel, Glimmer und Sternchen
Goldfolie, Goldfaden
Nadel

1. Wäscheklammern aus Holz mit goldener Plakafarbe anmalen. Wer will, kann zusätzlich Glimmer und Sternchen aufkleben.

2. Sterne, Herzen und kleine Tannenbäume aus Goldfolie ausschneiden (siehe Seite 131) und an Goldfäden aufhängen.

3. Goldband oder Weihnachtskette im Zimmer aufspannen und die Weihnachtspost mit den vergoldeten Klammern befestigen. Der Goldfolienschmuck wird zwischen den Briefen an die Weihnachtskette geknüpft.

Sternenvorhang

Es sieht aus, als würden Sterne vom Himmel fallen – aber es ist nur der Goldsternenvorhang am Fenster! Die gefalteten Sterne bewegen sich bei jedem Luftzug ein wenig. Dabei blinken sie hell, wenn Sonnenlicht darauffällt. Und abends spiegelt sich in ihnen das sanfte Licht der Lampe.

Material:

Goldpapier
Schere
Goldband oder
Goldfaden
goldene Klebepunkte

1. Goldpapier in Quadrate schneiden.

2. Ein Quadrat viermal falten, zuerst zweimal in der Mitte, dann zweimal in der Diagonallinie.

3. Eine Sternzacke abschneiden.

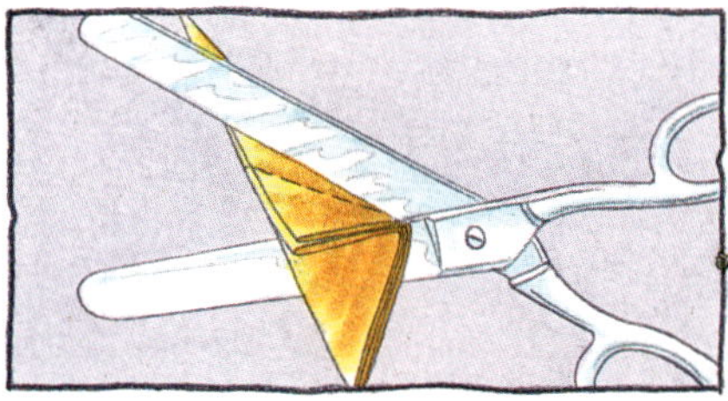

4. Den Stern auseinanderfalten.

5. Den Goldfaden mit Klebepunkten am Stern festkleben.

6. Mehrere Sterne an einen langen Goldfaden kleben.

7. Mehrere Sternengirlanden dicht nebeneinander an Tür oder Fenster kleben.

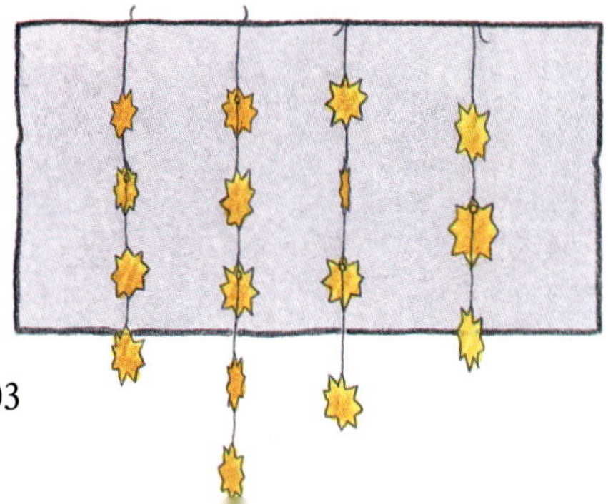

Wir feiern Heilig Abend

Christbaumschmuck aus Stroh

Strohsterne gehören seit jeher zum Weihnachtsschmuck. In vielen Ländern gibt es besondere Sitten und Bräuche mit dem „Weihnachtsstroh", das aus der letzten Garbe der Ernte genommen wird. Wir zeigen hier den einfachsten Strohschmuck, den auch ungeübte Bastler anfertigen können.

Material:
Strohhalme
Schüssel mit Wasser
Faden, Kork und Stecknadel
Goldpapier
Schere, Klebstoff

1. *Die Strohhalme zuerst ein paar Stunden in Wasser einweichen, dann herausnehmen und abtropfen lassen. Die Halme einzeln flach drücken oder mit einem Messer aufritzen und flach bügeln.*

2. *Mit den noch feuchten Halmen weiterarbeiten. Zwei Halme über Kreuz legen, mit einer Stecknadel auf einen Kork festspießen. Den Faden abwechselnd über und unter den Halmen vorbeiführen und verknoten.*

3. *Zwei zusammengebundene Strohhalmkreuze übereinanderlegen, mit der Stecknadel auf dem Kork festklemmen und mit einem Faden wieder rundum weben. Schon ist ein einfacher Strohstern fertig.*

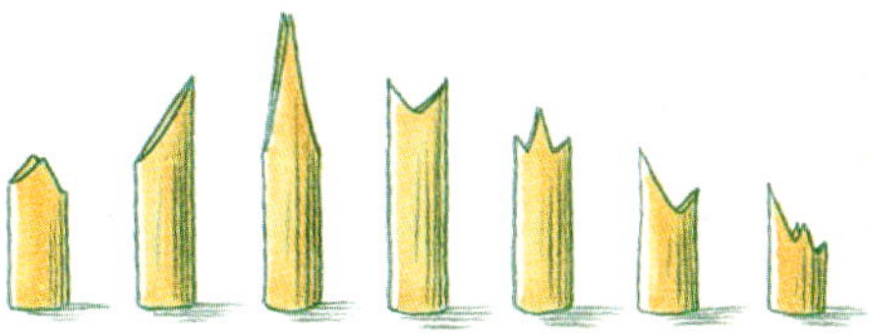

4. *Wer einen größeren Strohstern basteln will, kann zwei oder vier einfache Strohsterne aufeinanderlegen und mit dem Faden um alle Halme rundweben. Schön sehen zugeschnittene Halmspitzen aus.*

5. *Großer Stern: Halme auf einer Goldpapierscheibe sternförmig anordnen, aufkleben und eine zweite Goldpapierscheibe auf die Mitte kleben.*

6. *Strohkette: Runde Halme in kleine Stücke schneiden, abwechselnd mit Goldpapierscheiben auffädeln. Strohkugel: Flache Halme zu Ringen zusammenkleben, mehrere Ringe ineinanderstecken und festkleben.*

Großer Weihnachtsengel

Der große Weihnachtsengel lächelt, denn er wird an Heilig Abend den Ehrenplatz auf der Spitze des Christbaums einnehmen. Doch vorerst wartet er gespannt darauf, daß jemand das Geschenkpäckchen entdeckt, das unter seinem Spitzenkleid versteckt ist.

Material:
weißer Karton-Tortenboden
weiße und goldene Tortenspitze
Wattekugeln
gelbe Wolle, Ringelband, Goldstern
durchsichtige Geschenkfolie
Schere, Klebstoff

1. Einen weißen Karton-Tortenboden in einen Halbkreis und zwei Viertelkreise zerschneiden.

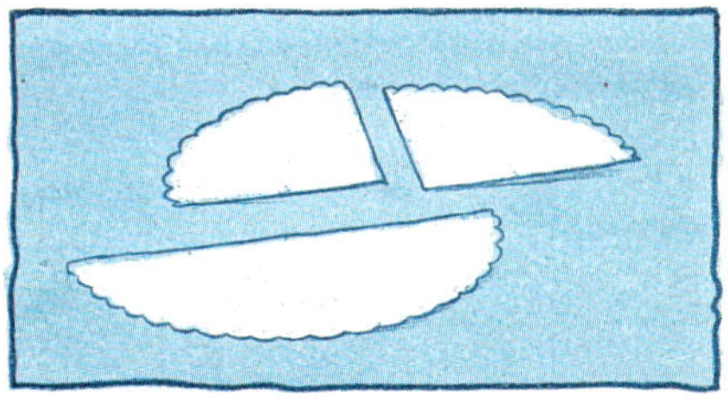

2. Den Halbkreis zu einem Kegel zusammenkleben, ein Spitzenkleid aus weißer Tortenspitze darüberkleben.

3. Aus den Viertelkreisen zwei spitze Kegel kleben, oben abschneiden, mit Tortenspitze bekleben, als Arme an das Kleid kleben und Wattekugeln als Hände innen ankleben.

4. Eine goldene Tortenspitze als Kragen und eine Wattekugel als Kopf aufsetzen und ankleben.

5. Ein Engelsgesicht aufmalen, gelbe Wollhaare aufkleben und als Haarband ein Ringelband mit einem goldenen Stern umbinden.

6. Die Engelsflügel sind durchsichtige Geschenkfolienstreifen. Sie werden in der Mitte zusammengerafft und mit Klebeband am Rücken befestigt.

Weihnachtspost

So eine Überraschung! Kaum öffnet man den gelben Mond, purzelt der Nikolaus heraus. Wer in die blaue Karte schaut, dem wird ein Ständchen vorgespielt, und wenn der Engel seinen lila Mantel öffnet, funkelt ein goldener Stern auf seiner Brust. Jetzt muß man nur noch Weihnachtsgrüße dazuschreiben.

Material:
Fotokarton
Tortenspitze
Goldpapier, Buntstifte
Federn, Engelshaar
Watte
Filz
Garn, Geschenkband
Schere, Klebstoff
✂

1. Engel: Mantel, Kopf, Hände, Beine und Schuhe auf Fotokarton zeichnen und ausschneiden. Das Kleid aus Tortenspitze ausschneiden; alle Teile zusammenkleben.

2. Ein Gesicht aufmalen, Haare aus Federn, Goldstern und Geschenkbandschleife aufkleben. Als Klappkarte verschickt, hält der Engel seinen Mantel zu.

3. Musizierender Engel: Der kleine Engel wird aus Buntpapier ausgeschnitten, auf eine Fotokartonkarte aufgeklebt, das Gesicht aufgemalt und die Engelshaare dazugeklebt.

4. Eine Goldpapier-Ziehharmonika und Watteschneeflocken aufkleben. Zwei Löcher für das Goldband vorstanzen. Beim Zuklappen wird die Ziehharmonika zusammengefaltet und das Goldband verknotet.

5. Nikolaus: Auf Fotokarton Mond, Wolke und Nikolausfigur malen, ausschneiden und mit Filz bekleben. Das Gesicht aufmalen und einen Wattebart ankleben.

6. Durch Hände und Mondgesicht ein Garn fädeln und verknoten. Der Nikolaus wird im zusammengeklappten Mond versteckt – und purzelt beim Öffnen wieder heraus.

Goldenes Sternenbäumchen

Dieses Sternenbäumchen glitzert und funkelt mit seinen Sternenblättern und Perlenfrüchten. Es stammt direkt aus dem Weihnachtsmärchenland. Schnee und Kälte können ihm nichts anhaben. Sein Wunschtraum ist, einen festlich geschmückten Weihnachtstisch zu zieren und mit Kerzenlicht beleuchtet zu werden.

Material:
Silber- oder Messingdraht, Zange zum Abknipsen der Drähte
Perlen in Gold und Silber, Sternpailletten, etwa 40 Stück
flacher Stein
goldene Plakafarbe
Glimmer und Glitzersternchen

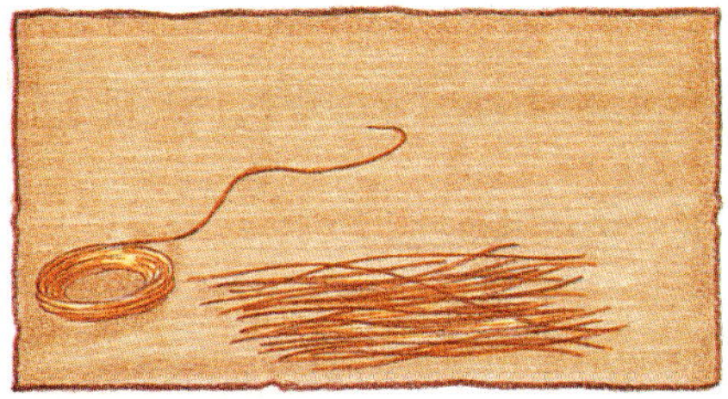

1. Etwa 70 Basteldrähte ungefähr 30 cm lang zuschneiden.

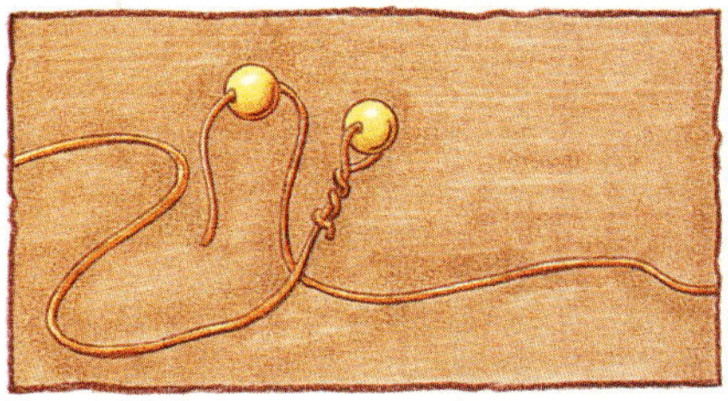

2. Eine Perle mit dem Draht auffädeln, den Draht zu einer Schlaufe biegen, die Perle in diese Schlaufe schieben, und die Schlaufe verdrillen. So sitzt die Perle fest.

3. Auf diese Weise alle Drähte mit Perlen oder Sternchen schmücken.

4. Jeweils zwei oder drei Drähte miteinander zu Zweigen verdrillen, bei den Sternchen jeweils eine Perle dazu auffädeln.

5. Als nächstes jeweils drei oder vier Zweige miteinander zu Ästen verdrillen. Alle Äste zu einem Baumstamm winden. Am Stamm unten die Drähte wieder einzeln herauslösen und als Wurzeln auseinanderbiegen.

6. Die Wurzeln um einen Stein biegen oder aufkleben. Den Stein mit goldener Plakafarbe anmalen und auf die noch feuchte Farbe Glimmer und kleine Sternchen streuen.

Weihnachtsschmuck aus Goldpapier

Gold war und ist für die Menschen immer etwas Besonderes. Gold brachten auch die Heiligen Drei Könige, und Goldsterne gehören seit jeher zum festlich geschmückten Christbaum. Hier sind die klassischen Formen des goldenen Weihnachtsschmucks zusammengestellt.

Material:

Goldfolie

Schere, Klebstoff

Faden

1. Glockenkette (auf dem Foto nicht abgebildet): Halbkreise zu spitzen Kegeln kleben. An den Faden zuerst eine Perle knüpfen, dann die „Glocke“ auffädeln. Auf diese Weise mehrere Glocken hintereinander aufziehen.

2. Einfacher Stern: Fünf Streifen trapezförmig zuschneiden, im Zickzack falten, in der Mitte knicken, als Stern anordnen und die Seiten aneinanderkleben.

3. Goldkugel: Drei Scheiben ausschneiden und wie auf der Zeichnung einschneiden. Scheibe 1 zusammenlegen, in Scheibe 2 stecken und wieder auseinanderfalten.

4. Dann beide Scheiben flach zusammenklappen, leicht einrollen, in Scheibe 3 schieben und die Scheiben 1 und 2 wieder auseinanderfalten.

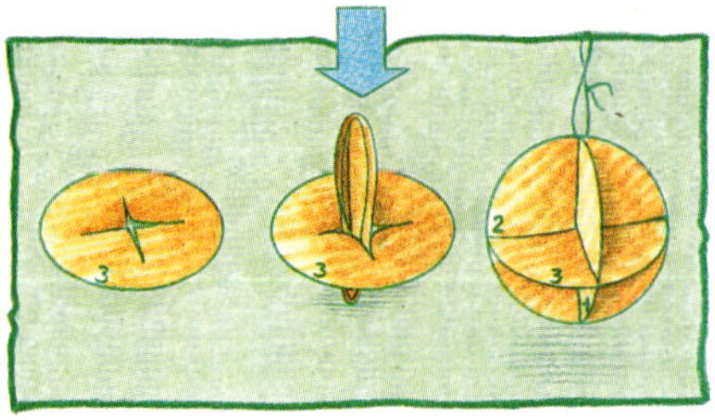

5. Doppelstern: Goldfolie quadratisch zuschneiden, ein Mittelkreuz und ein Diagonalkreuz falten, das Blatt wieder öffnen und entlang der Mittelkreuzlinien zur Hälfte einschneiden.

6. Sternspitzen zusammenkleben, dabei die beiden Seitenteile bis zum Falz übereinanderlegen und festkleben. Jeweils zwei Sterne mit der flachen Seite aufeinanderkleben, so daß die Spitzen auf Lücke stehen.

Hirt und Schafe

Der Hirt hat sich warm angezogen und zieht mit seinen Schafen über den Schnee. Wohin? Zuerst wird er am Fensterbrett entlangwandern, dann am Adventskranz vorbeiziehen, und am Heilig Abend wird er sein Ziel erreicht haben – dann steht er mit seinen Schafen vor der Weihnachtskrippe.

Material:
weiße und braune
Naturwolle
Filz
Tonpapier
Schere, Klebstoff
Faden, Nadel

1. Hirt: Der Kopf ist ein locker zusammengerolltes weißes Wollknäuel, Haare und Bart werden aus dunkler Wolle zurechtgezupft und angeklebt. Die runde Filzkappe wird mit Faden zusammengerafft.

2. Das Gewand wird aus Filz zugeschnitten, zu einer Rolle zusammengeklebt, oben mit einem Faden zugewickelt und mit Wolle ausgestopft.

3. Jetzt kann der Kopf aufgeklebt werden. Der Mantel, aus Filz zugeschnitten, wird an den Schultern festgeklebt.

4. Schaf: Der Körper ist ein locker geknäuelter Wolleball. Die Schnauze und zwei Ohren werden aus Tonpapier ausgeschnitten und in die Wolle geklebt.

5. Die Beine werden aus einem quadratisch geschnittenen Tonpapier zweimal längs gefaltet, in den Wollkörper gesteckt und festgeklebt.

6. Zum Schluß bekommt das Schaf einen kleinen Papierschwanz angeklebt, sein Fell wird dann in Form gezupft.

Christbaumkugeln aus Papier

In früheren Zeiten wurden rote Äpfel als Christbaumschmuck aufgehängt, später hat man diese sogar vergoldet. Schließlich ersetzte man sie durch goldbemalte Lehmkugeln – und heute schmückt man den Baum mit schillernden Glaskugeln. Eine ganz neue Idee sind diese selbstgemachten, unzerbrechlichen bunten Papierkugeln.

Material:
Zeitungspapier
weißes Schreibpapier
Seidenpapier, Buntpapier oder Goldpapier
Kleister, Pinsel
Nadel, Faden
Glimmer, Sternchen

1. Zeitungspapierknäuel zu einer festen Kugel zusammendrücken. Wenn das Papier wieder aufspringt, das Knäuel zusätzlich mit einem Faden umwickeln.

2. Weißes Papier in kleine Stückchen reißen, mit Kleister bestreichen und rundum auf die Kugel kleben. Zwei oder drei Schichten aufkleben.

3. Mit einer langen, spitzen Nadel einen Faden durch die Kugel ziehen und zur Schlaufe binden.

4. Für die letzte Schicht Seidenpapier, Buntpapier oder Goldpapier in Stückchen reißen, einkleistern und auf die Kugel kleben. Gut trocknen lassen.

5. Die Kugel an mehreren Stellen mit Kleister betupfen und Glimmer oder Sternchen darauf streuen.

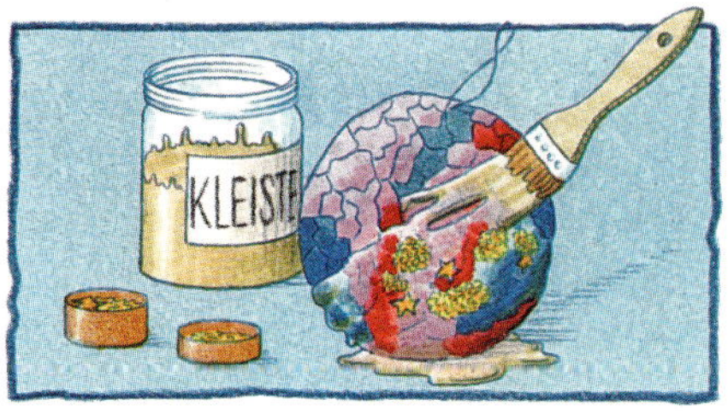

Engel mit goldenen Flügeln

Diese Engel können überall umherfliegen, sei es im Barbarazweig, am Fenster oder am geschmückten Weihnachtsbaum. Ihre goldenen Flügel glänzen, und über ihren Engelslocken strahlt ein goldener Schein. Wer viel Phantasie hat, der hört die Engel singen und musizieren.

Material:
- weißes Kartonpapier
- Farbstifte
- Goldpapierfolie
- Engelshaar
- Bindfaden

1. Verschiedene musizierende Engelsfiguren auf Kartonpapier aufmalen, zum Beispiel mit einer Flöte, Trompete oder Gitarre. Diese Engel werden als Schablonen ausgeschnitten.

2. Die Schablonen auf Kartonpapier legen, mit Bleistift umfahren und ausschneiden. Auf diese Weise gleich viele Engel ausschneiden und alle anmalen.

3. Als Flügel ein quadratisch zugeschnittenes Goldpapier im Zickzack zu einem Streifen zusammenfalten.

4. Je zwei Engel der gleichen Art gegengleich aneinanderkleben, den Goldflügelstreifen vorher dazwischen legen.

5. Engelshaar und goldenen Reif aufkleben und den Engel an einem Bindfaden aufhängen.

6. Zum Schluß den Goldflügelstreifen auseinanderfalten.

Alte Glaskugeln im neuen Glanz

Die Omi kann sich von ihren einzelnen alten Christbaumkugeln nicht trennen. Es sind für sie Erinnerungen an frühere Weihnachtsfeste. Da haben die Enkelkinder eine Idee: Sie verzieren die so in Ehren gehaltenen Einzelstücke mit Bändern und Schleifen. Jetzt sehen sie wunderschön aus, wie in alten Zeiten.

Material:
Geschenkbänder in verschiedenen Breiten und Farben und aus unterschiedlichen Materialien
Ringelbänder
Goldfolienstreifen
Basteldraht
Christbaumkugeln

1. Für die Schleifen wird ein Band mehrfach übereinandergelegt und in der Mitte mit Basteldraht fest zusammengebunden. Danach werden die einzelnen Schlaufen wieder auseinandergezupft.

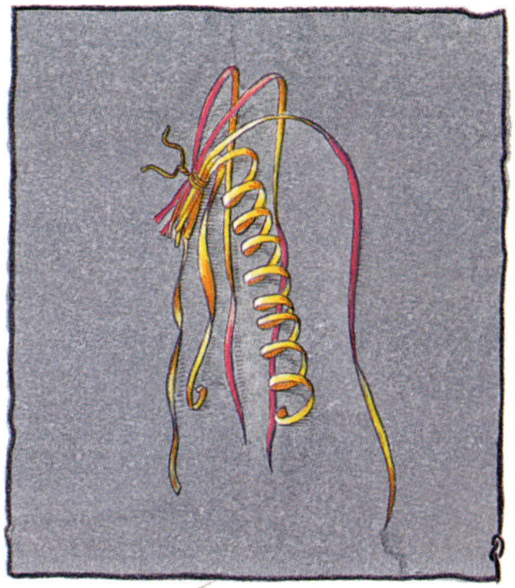

2. Ringelbänder, dünne Goldfolienstreifen und feine Geschenkbänder werden mit Basteldraht zu Büscheln zusammengebunden.

3. Ein Gebinde aus verschiedenen Schleifen und Bändern gestalten und mit Basteldraht zusammenhalten.

4. Jede Glaskugel erhält einen farblich passenden Schleifenschmuck, der mit Basteldraht am Aufhänger befestigt wird.

Goldvögel für den Weihnachtsbaum

Die goldenen Weihnachtsvögel kommen jedes Jahr wieder in das Weihnachtszimmer geflogen und setzen sich auf den Weihnachtsstrauß oder den Christbaum. Sie schwingen bei jedem Luftzug hin und her, wippen dabei mit ihren feinen Schwanzfedern und lassen ihre goldenen Flügel leuchten.

Material:
Tonpapier
zweifarbige Bastelfolie
Goldfolie
gelber Filzstift oder goldener Lackstift
Vogelfedern
Nadel, Faden
✂

1. Wer will, kann zuerst eine Schablone für die Vögel aus Karton anfertigen. Die Vogelkörper auf Tonpapier zeichnen und ausschneiden. Mit gelbem Filzstift oder goldenem Lackstift Schnabel, Augen und Federkleid aufmalen. In den Rücken einen Schlitz schneiden.

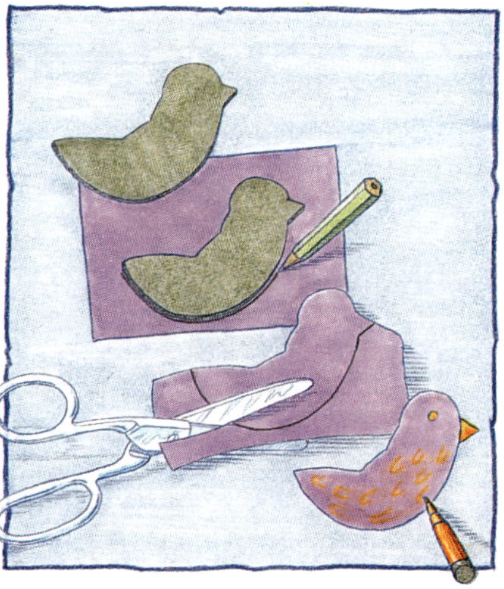

2. Goldfolie quadratisch zuschneiden, im Zickzack zu einem Streifen falten und als Flügel durch den Schlitz schieben.

3. Aus zweifarbiger Bastelfolie Kamm und Füße ausschneiden und aufkleben.

4. Eine Schwanzfeder aufkleben. Die Flügelstreifen nach oben auseinanderfalten und mit einem Faden zusammenbinden. Den Faden als Aufhänger zur Schlaufe knüpfen.

Kleine Engelschar

„Es hat sich heut eröffnet das himmlische Tor,
die Engelchen die kugeln ganz haufenweis hervor ..."
So heißt es in einem alten Weihnachtslied. Und wie das aussieht, kann man sich gut vorstellen, wenn viele dieser lustigen kleinen Engelchen umherschweben.

Material:
- Papieruntersetzer
- rosa Wattekugeln
- Watte oder Füllwatte
- Bastelfolie in Rosa
- Goldglanzpapier
- Filzstifte
- Nadel und Faden

1. Untersetzer zu einer Spitztüte formen, das ist das Engelskleid. Watte als Engelshaar auf eine rosa Wattekugel kleben.

2. Mit einer langen, spitzen Nadel zuerst den Kopf, dann das Kleid auffädeln und den Faden zu einer Schlaufe knüpfen.

3. Mit Filzstift ein Gesicht aufmalen, die Füßchen aus rosa- oder pinkfarbenem Glanzpapier ausschneiden und an das Kleid kleben. Engelsflügel aus Goldglanzpapier ausschneiden und ankleben.

Krippenspiel im Schachteltheater

Deckel drauf – und Bühne frei für das kleine Krippenspiel! Im Hintergrund stehen Maria und Josef, das Jesuskind liegt in der Krippe, vorne sind Ochs und Esel und die beiden Hirten. Der Zuschauer schaut in das Guckkastentheater, der Spieler erzählt eine Geschichte und bewegt dazu die Figuren mit den Stäben.

Material:
Schuhschachtel
Tonpapier in unterschiedlichen Farben
Wolle, Garn
Stoffreste
Blatt, Zweig
Gras oder Stohhalm
blaues Pergamentpapier
✂

1. Schachtel außen und innen blau, den Schachtelboden grün anmalen. Auf die Außenwand Goldpapiersterne aufkleben. Ein Guckloch und Schlitze für die Stege der Spielfiguren einschneiden.

2. Figuren auf Tonpapier aufmalen und ausschneiden. Die Gesichter auf rosafarbiges Tonpapier malen, ausschneiden und auf die Figuren kleben.

3. Maria bekommt einen Stoffumhang, Josef Wollhaare und Bart, das Jesuskind eine Papierkrippe mit Stroh, die Hirten Bärte und Hirtenstäbe, der Ochse weiße Flecken auf sein Fell und der Esel eine feine Garnmähne.

4. Maria, Josef und die Krippe auf Fotokarton kleben, der genau auf die Innenrückwand des Schachteltheaters paßt. Rechts und links Blätterbäume aufkleben.

5. Die anderen Spielfiguren jeweils auf grün angemalte Pappstreifen kleben und in die Schlitze schieben.

6. Aus dem Schachteldeckel ein großes Fenster herausschneiden, mit blauem Pergamentpapier überkleben, einen Abendhimmel mit Halbmond und ein paar Sternen einschneiden.

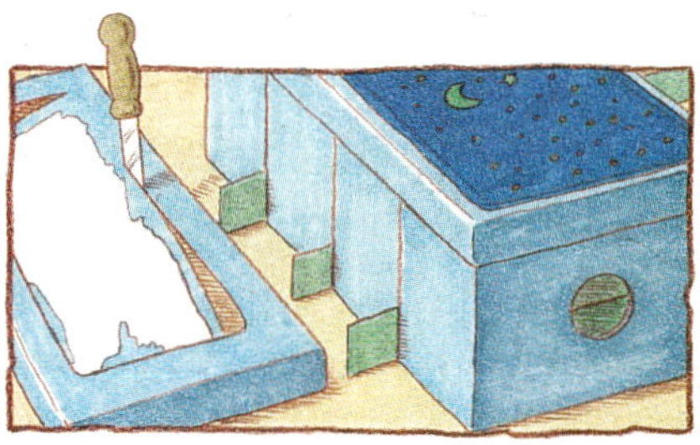

Weihnachtsschmuck in Pink

Das gefällt den jungen Leuten – Weihnachtsschmuck ganz in Pink! Alles selbst gemacht, sieht super aus und ist echt schnell gebastelt! Das ist wichtig, denn wer hat in diesem Alter schon viel Zeit zum Basteln? Und wer eine Glocke oder ein Herz zu altmodisch findet, der kann ja eigene Modelle erfinden. O. K.?

Material:
Weihnachtsbastelfolie in Pink
Ausstecherförmchen
dünner Messingbasteldraht

1. Ausstecherförmchen werden so auf Bastelfolie gedrückt, daß sie einen Abdruck hinterlassen. Als Unterlage eine weiche, darunter eine harte Fläche nehmen. Am besten eignet sich dafür – ausnahmsweise – der Bodenteppich.

2. Die eingedrückte Form ausschneiden. Schön sieht es aus, wenn dabei ein Rand von 1 bis 2 mm stehenbleibt.

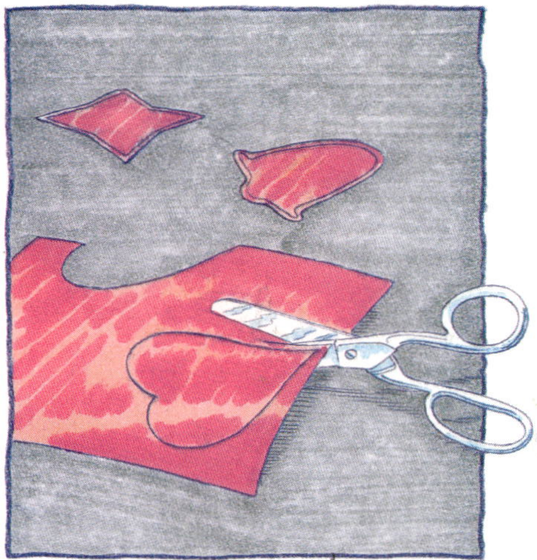

3. Mit der Stopfnadel ein kleines Loch in die Form stechen, den Messingdraht durchziehen und als Aufhänger zurechtbiegen.

4. Man kann auch an einem langen Draht mehrere Formen befestigen oder mit dem Draht die Formen einfach auffädeln.

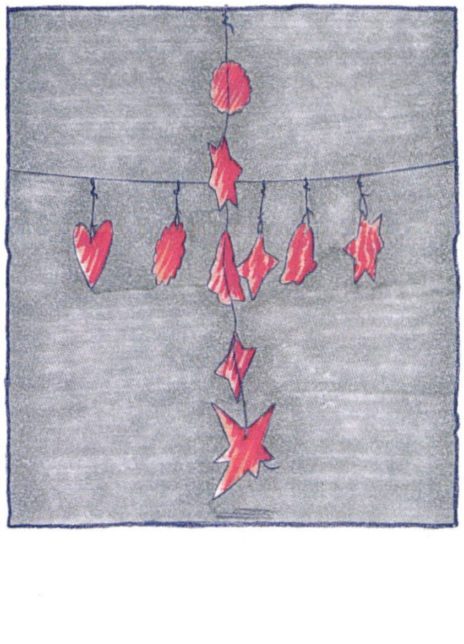

Äpfel am Weihnachtsbaum

In alten Weihnachtsgeschichten wird von Obstbäumen erzählt, die in der Heiligen Nacht blühen und gleichzeitig reife Früchte tragen. Deshalb ist es auch ein alter Brauch, der über 200 Jahre zurückreicht, den Christbaum mit rotbackigen Äpfeln und roten Kerzen zu schmücken. Diese Äpfel sind etwas Besonders – sie halten jahrelang!

Material:
Eierkarton
Tapetenkleister
feines Sägemehl
Holzleim
kleine Zweige
Holzfeile
Schmirgelpapier
weiße Dispersionsfarbe, Pinsel
farblose Schuhcreme
Farbpigment

1. *Pappmachébrei herstellen: Eierkartons oder Zeitungspapier in kleine Stücke reißen, in eine Schüssel geben, heißes Wasser darübergießen und zwei Tage quellen lassen.*

2. *So viel Tapetenkleister untermischen, bis die Papiermasse weich und knetbar ist.*

3. *Sägemehl mit Holzleim vermengen. 2/3 Pappmaché und 1/3 Sägemehlteig zusammenrühren.*

4. *Aus dem Papier-Sägemehl-Teig einen Apfel formen und einen kleinen Zweig als Stiel in den Apfel stecken. Zwei bis drei Tage trocknen lassen.*

5. *Mit Holzfeile und Schmirgelpapier die Oberfläche des Apfels glätten.*

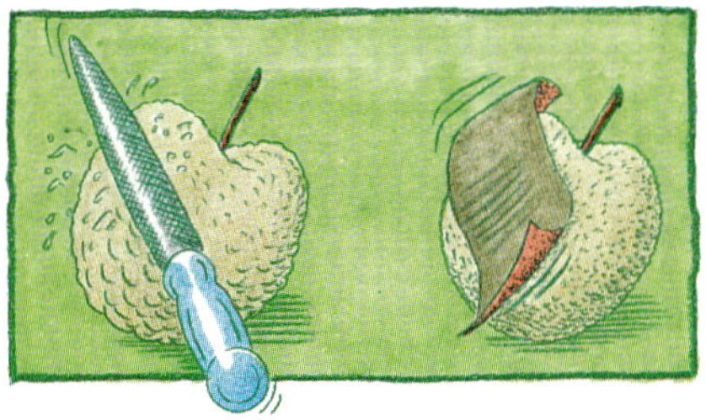

6. *Mit weißer Dispersionsfarbe grundieren. Gut trocknen lassen.*

7. *So entsteht der besondere Farbeffekt: Mit einem Lappen etwas farblose Schuhcreme aufnehmen, damit in rotes Farbpulver (Farbpigment) tupfen und den Apfel einreiben.*

8. *Mit einem weichen Lappen nachpolieren und den Apfel an einem Goldfaden aufhängen.*

Anstecker für den festlichen Abend

Omi wählt die Christrose und steckt sie mit feierlicher Miene an ihre Bluse. Opa möchte die Nikolausstiefel, Mami nimmt den Weihnachtsbaum, Julia schmückt sich mit dem Engel, Daniel greift zum Kometen, und für Papi bleibt die Weihnachtskerze übrig. „Damit mir heute ein Licht aufgeht!" lacht er.

Material:
Modelliermasse in verschiedenen Farben, zum Beispiel Fimo
Klebstoff
Anstecknadeln (Bastelgeschäft)
Messer zum Einritzen der Linien
kleine Perlen

1. Alle Anstecker sind aus Fimo geformt und zusammengesetzt. Die Modelliermasse wird im Backofen gehärtet. Danach werden die Anstecknadeln auf die Rückseite der Anstecker geklebt.

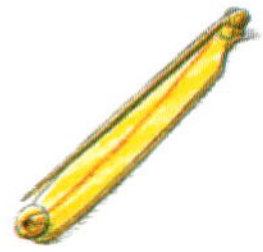

2. Nikolausstiefel: Einen kleinen Schuh formen, an den Stiefelschaft eine dünne Rolle aufdrücken. Zum Schluß den Stiefel der Länge nach halbieren – und schon sind es zwei gleich aussehende Stiefel.

3. Komet: Fimo mit einem Wellholz oder einer Flasche auswellen, die Sternform ausschneiden und Linien einritzen. Perle in die Mitte des Sterns eindrücken, dann wieder abnehmen und erst nach dem Backen aufkleben.

4. Weihnachtsbaum: Fimo auswellen, Form ausschneiden und Kerben als Zweige einschneiden. Den Stamm formen und andrücken. Glasperlen eindrücken, wieder wegnehmen und erst nach dem Backen aufkleben.

5. Christrose und Kerze: Stiel und Zweige formen, mit einem spitzen Messer die Linien einritzen. Die Blüte oder Kerze modellieren und auf den Zweig drücken.

6. Engel: Kopf, Haare, Flügel, Kleid, Kleidmuster, Arme, Füße und das Päckchen einzeln formen, dann zusammensetzen und vorsichtig festdrücken.

Weihnachts-Würfelspiel

Jeder Mitspieler nimmt sich einen Weihnachtsbaumschmuck als Spielfigur und setzt sie an einen Startpunkt. Der Würfel bestimmt, wie weit man auf den Spielpunkten vorwärts gehen darf. Wer neben einer Christbaumkugel landet, das sind die roten Papierscheiben, dreht diese um, liest seine Aufgabe vor und muß sie auch gleich ausführen.

Material:
blaue und grüne Vliesstofftischdecke
Goldfaden, goldene Aufkleberpunkte
Tonpapier, Teelichter
Spielfiguren, Würfel
Schere, Klebstoff

1. *Auf die grüne Vliesdecke einen großen Tannenbaum zeichnen, ausschneiden und auf die blaue Vliesdecke aufkleben.*

2. *Mit vielen goldenen Aufkleberpunkten einen Goldfaden wie eine Weihnachtsschmuckkette auf den Tannenbaum kleben. Auf diesen Punkten müssen später die Spielfiguren wandern.*

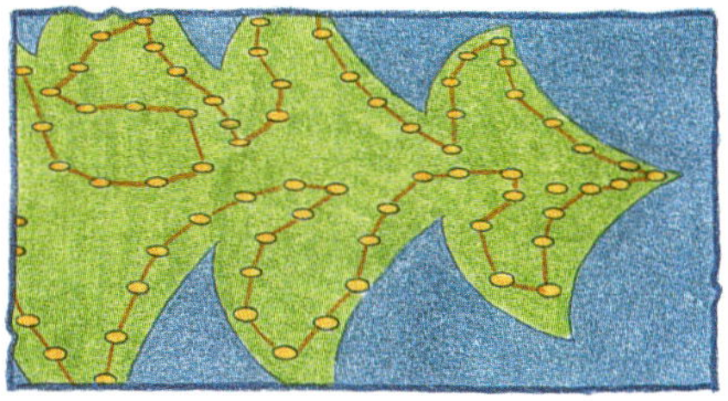

3. *Stern, Glocke, Trompete, Lebkuchen, Schaukelpferd und Engel auf Tonpapier malen, ausschneiden, auf dem Spielplan verteilen und jeweils neben einen Spielpunkt kleben. Das sind die Startpunkte.*

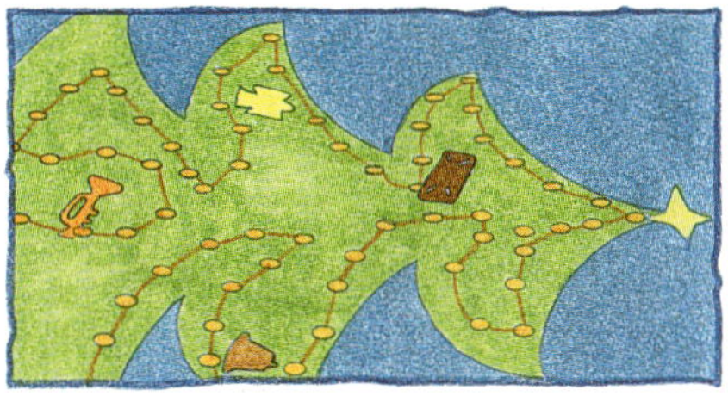

4. *Auf rotes Tonpapier mit Hilfe eines Glases viele Kreise aufmalen, ausschneiden, ein Loch stanzen und einen Goldfaden durchziehen.*

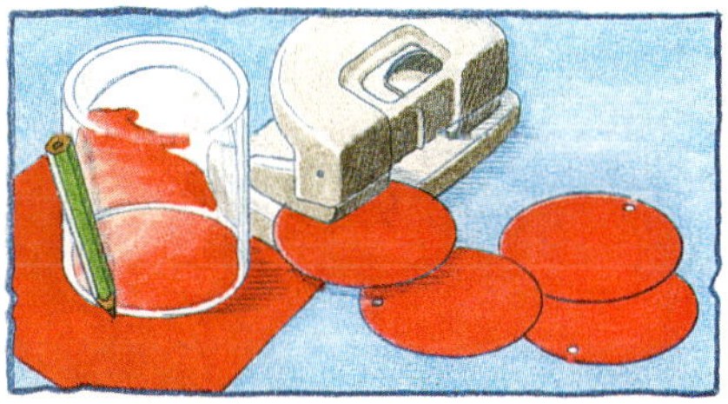

5. *Auf die Scheiben Aufgaben schreiben und sie als Christbaumkugeln gleichmäßig auf dem Spielplan verteilen, verdeckt hinlegen und neben einem Aufkleber-Spielpunkt an den Goldfaden knüpfen.*

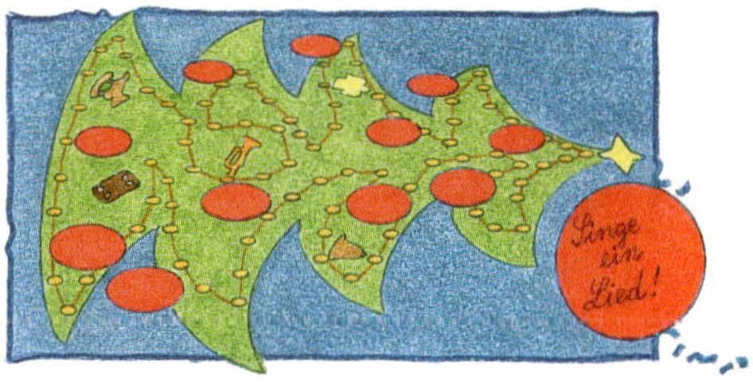

6. *Teelichter mit bunten Tonpapierstreifen umkleben und neben die Startbilder stellen. Wer eine Spielrunde geschafft hat, darf sein Licht anzünden.*

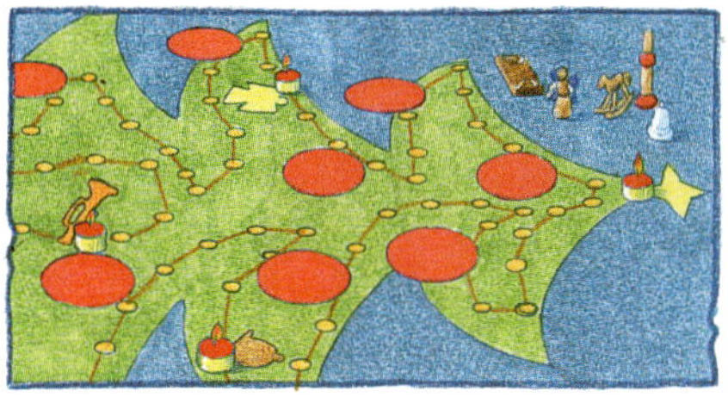

7. *Christbaumanhänger, Geschenkanhänger oder andere Spielzeugfiguren aussuchen und als Spielfiguren auf den Spielplan neben den Startbildern aufstellen.*

Landschaft für die Weihnachtskrippe

Im Weihnachtszimmer wirkt jede Nische geheimnisvoll. Die Weihnachtskrippe mit Maria und Josef ist hier im alten Wohnzimmerbüfett in einer Naturlandschaft aufgestellt. Beim Aufbau der Krippe half die ganze Familie mit und sammelte schon Tage vorher bei einem Waldspaziergang Rinde, Moos, Zweige und Tannenzapfen.

Material:

Rindenstücke
Tannenzapfen
Naturmaterial aus Garten, Wald und Wiese
Hülsen und Kapseln von Früchten
Moos, Steinchen
als Untergrund eine dunkle Plastikfolie

1. Stall: Rindenstücke zusammenstecken und mit einem Blumendraht festhalten. Großer Baum: Baumwurzel mit einer Efeuranke verzieren, bemooste Zweige und getrocknete Staudenzweige dazwischenstecken; ein Blumendraht hält alles zusammen.

2. Bäume: Tannenzapfen mit Knete auf zugeschnittene Kartonplättchen festdrücken, eventuell auch festkleben. Büsche: Kleine Zweige, abgeschnittene Staudenzweige, Gräser und Kiefernzapfen mit dem Stiel in Knetekugeln drücken, so kann man sie gut aufstellen.

3. Wiese: Verschiedene Moose. Boden: Kleine Zapfen und andere Trockenfrüchte umsäumen den Rand der Landschaft.

Unsere Silvesterparty

Lustige Silvesterhüte

Da steht der gute alte Schneemann vor dem Haus und wartet mit vielen bunten Hüten auf die Silvestergäste. Jeder, der kommt, wählt für sich einen passenden Hut aus. So ein Hut ist nämlich die Eintrittskarte! Gleich kommt Stimmung auf, wenn die Gäste sich gegenseitig in ihrem tollen Hutschmuck bewundern.

Material:
Tonpapier oder
Fotokarton
Kreppapier
Farbstifte oder
Filzstifte
Hutgummi
Schere, Klebstoff

1. Fes: Kartonstreifen und Pappscheibe zusammenkleben, vorher in die Scheibe rundum mehrere Klebelaschen einschneiden. Schwarze Papierstreifen zuschneiden, zusammenbinden und auf den Hut kleben.

2. Zylinder: Zuerst einen Fes basteln, dann eine passende Hutkrempe mit Klebelaschen ausschneiden und ankleben. Ein Kreppapierband und ein Kreppapierbüschel als Blume schmücken den Zylinder.

3. Clownkappe: Eine Scheibe bis zur Mitte einschneiden, zu einem flachen Kegel zusammenschieben, festkleben und die Hutspitze abschneiden. Punkte aufmalen, Kreppapierstreifen bündeln und festkleben.

4. Zauberhut: Eine Clownkappe basteln, jedoch die Scheibe zu einem spitzen Kegel zusammenrollen. Aus dünnen Kreppapierstreifen ein Büschel zusammenbinden und an die Hutspitze kleben.

5. Krone: In einen Kartonstreifen Kronenzacken einschneiden, Edelsteine aufmalen und die Krone zusammenkleben. Ein rundgeschnittenes Kreppapier aufbauschen, innen in die Krone schieben und festkleben.

6. Jägerhut: Tonpapier rechteckig zuschneiden und wie die Hüte der kleinen Schneemänner auf Seite 151 falten.

7. In den Rand der Hüte kleine Löcher stechen und jeweils ein Hutgummi einknüpfen.

Luftballonwichtel

Diese Wichtel sitzen überall, grinsen frech und recken ihre Nase in die Luft. Das wird der Superknüller, wenn die Wichtel auf den Tellern der Gäste sitzen. Da muß man einfach zupacken – und ein lustiges Wichtel-Knuddelspiel beginnt: Wer formt die schönste Nase? Wer das witzigste Gesicht?

Material:
Luftballons
Sand, Trichter
Lackstift
Watte

1. Zuvor noch nicht aufgeblasene Luftballons mit Hilfe eines Trichters ganz mit Sand füllen und verknoten.

2. Mit Lackstift Augen und Mund aufmalen.

3. Wer will, der kann noch einen Bart und Augenbrauen aus Watte aufkleben. Zum Schluß eine besonders schöne Nase formen.

Glückwunsch-Girlanden

Bei dieser Begrüßung an der Haustür kann das neue Jahr nur gut werden! Wenn alle Gäste da sind, wird die Glückwunsch-Girlande von allen ins Partyzimmer getragen und dort aufgehängt. Eine andere Idee ist, diesen Glückwunsch an der Haustür von lieben Nachbarn anzubringen.

Material:
Tonpapier in verschiedenen Farben
Bleistift
Schnur
Schere, Klebstoff

1. Als Vorlage zuerst den Text mit großen Druckbuchstaben auf ein Notizpapier schreiben.

2. Einzelne große, dicke Buchstaben auf Tonpapier zeichnen und ausschneiden. Wenn ein Buchstabe mehrmals vorkommt, lohnt es sich, eine Schablone davon anzufertigen.

3. Die Buchstaben in der richtigen Reihenfolge entlang der Girlandenschnur anordnen. Jeden Buchstaben oben um die Schnur knicken und festkleben.

4. Es gibt verschiedene Möglichkeiten, die Glückwunsch-Girlande aufzuhängen: über die Zimmerecke, ans Fenster, an die Zimmertür, oder man legt sie quer über die festliche Tafel.

Neujahrsgrußkarten

So ein Glück: Das Flugzeug schwingt sich unter der rosa Wolke zu neuen Höhenflügen empor, das Glücksschwein nickt eifrig mit dem Kopf, und die kleine Maus wirft den roten Glücksstein in die Höhe. Wer so eine Glückwunschkarte bekommt, der hat wirklich Glück!

Material:
Kartons in der Größe DIN A4
Farben
dünnes Kettchen
Basteldraht

1. Maus: Eine Karte aus Fotokarton zuschneiden und falten. Auf die Vorderseite das Bild malen, durch ein kleines Loch in der Karte die Kette durchziehen.

2. Die Kette auf der Kartenrückseite mit Klebeband festkleben. An das vordere Ende einen roten Glücksstein aus Tonpapier kleben.

3. Flugzeug: Auf die gefaltete Karte vorne ein Bild malen und das Kettchen wie oben beschrieben befestigen. Ein Flugzeug auf Fotokarton malen, ausschneiden und an die Kette kleben.

4. Glücksschwein: Auf die gefaltete Karte das Bild malen, Basteldraht um einen Bleistift zu einer Spirale wickeln. Diese durch ein Loch in die Karte eindrehen und auf der Rückseite mit Klebeband festkleben.

5. Den Kopf des Glücksschweins auf Pappkarton malen, ausschneiden und an die Spirale kleben.

6. Die gefalteten Karten werden zusammengeklebt, so daß man die auf der Innenseite befestigten Kettchen oder die Spirale nicht mehr sehen kann.

Schneemänner als Partyschmuck

Die kleinen Schneemänner schaukeln an Zweigen und betrachten neugierig die Partygesellschaft. Gerne würden sie auch auf dem Tisch und um die Tischkarten tanzen. Warum nicht? Sie sind einfach zu basteln, und schnell ist eine lustig bunte Schneemännerschar beisammen.

Material:

Wattekugeln
Pergamentpapier
Kreppapier
Filzstifte
Faden und Nadel

1. Zuerst die Hüte aus Pergamentpapier falten. Die Größe des Papiers hängt von der Größe der Wattekugel ab.

2. Mit dem Faden und einer langen, spitzen Nadel zuerst zwei Wattekugeln, dann den kleinen Papierhut auffädeln und zum Schluß eine Aufhängeschlaufe knüpfen.

3. Einen kleinen, bunten Kreppapierstreifen als Schal umknüpfen.

4. Mit Filzstift schwarze Augen und eine gelbe Rübennase aufmalen.

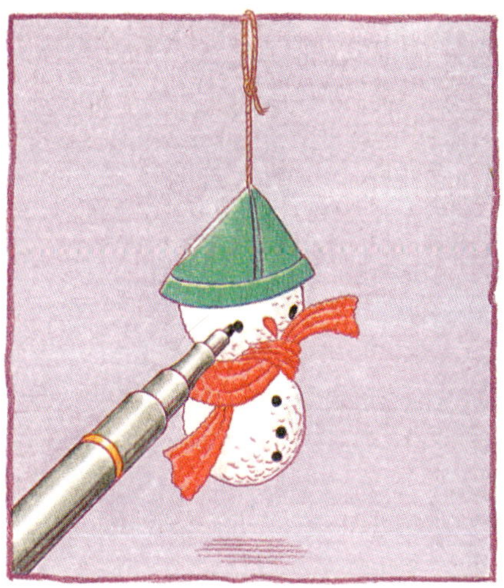

Viele Glücksschweinchen

So viele Glücksschweinchen müssen einfach Glück bringen! Sie klettern munter auf der Glücksleiter! Doch auch am Fenster oder auf dem Partytisch tummeln sie sich gern. Und im neuen Jahr darf jeder Gast ein Glücksschwein mit nach Hause nehmen.

Material:
rosa Fotokarton oder
Tonpapier
Bleistift, Schere
Band oder Schnur

1. *Ein Glücksschwein auf Fotokarton zeichnen und ausschneiden. Das ist die Schablone.*

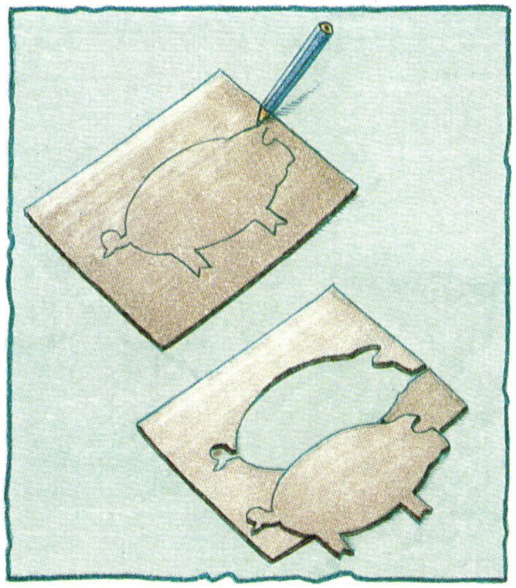

2. *Diese Schablone auf rosa Fotokarton oder Tonpapier legen, mit Bleistift umfahren und ausschneiden. Auf diese Weise eine große Schweinchenschar basteln.*

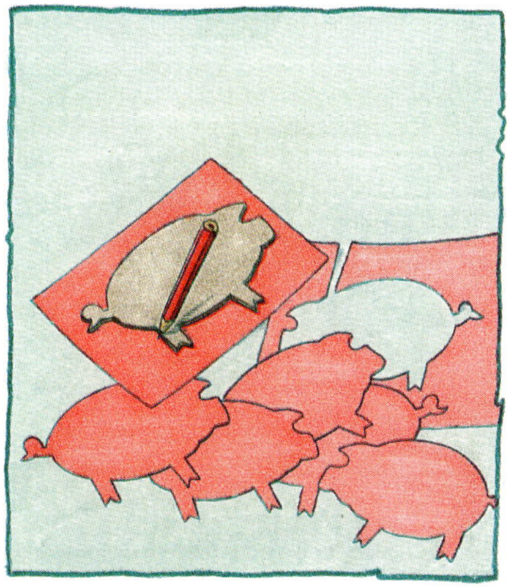

3. *Ein Band oder eine dicke Schnur als Girlandenkette benutzen und die Glücksschweinchen mit Klebestreifen ankleben. Man kann die Schweinchen auch einzeln an Fäden aufhängen.*

4. *Die Glücksschweinchen können auch als Einladungskarten verschickt werden oder als Tischkarten und Tischschmuck die Partygäste überraschen.*

Kinderpunsch

Es ist 23.55 Uhr, in 5 Minuten ist das neue Jahr da. Die kleinen Kinder krabbeln wieder aus ihren Betten, die großen Kinder durften ausnahmsweise den ganzen Abend aufbleiben. Jetzt werden alle gleich ein Punschglas nehmen, miteinander anstoßen und sich ein gutes neues Jahr wünschen!

Material:
Früchtetee
Orangensaft
Zitrone, Glühweingewürz, Honig
Modelliermasse wie Salzteig, Fimo oder Backton, Holzklammern, Schere
Klebstoff, Kreppapier
Schnur, Hefter

1. So wird der Kinderpunsch gebraut:
1 l Früchtetee, fertig zubereitet,
1 l Orangensaft,
Saft einer Zitrone,
1 Beutel Glühweingewürz,
Honig zum Süßen.
Alles zusammen in einem Topf erhitzen, nicht kochen, und heiß servieren.

2. Schmuck für das Punschglas: Modelliermasse mit der Hand flachdrücken oder mit einer Flasche auswellen. Mit Ausstecherformen verschiedene Motive ausstechen.

3. Die Formen im Ofen backen oder erhitzen, abkühlen lassen und auf eine Holzklammer kleben. Nun bekommt jedes Glas einen Schmuck – und jeder Gast darf wählen.

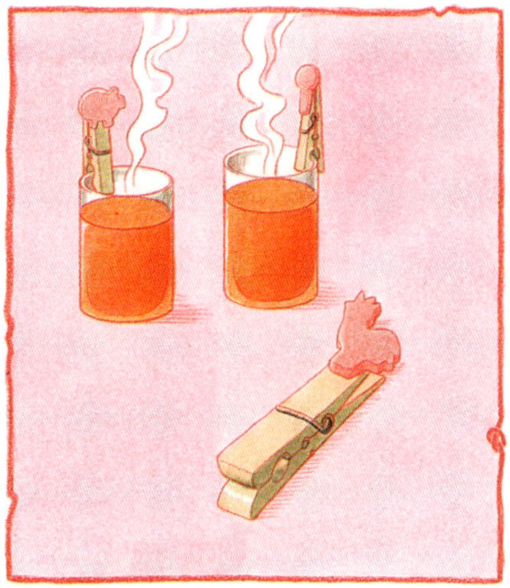

4. Bunte Girlande: Von der Kreppapierrolle Streifen abschneiden und auf etwa 30 cm Länge zuschneiden. Die Streifen an einem Ende über eine Schnur knicken und mit einem Bürohefter festklammern.

Wunderkerzen-Feuerwerk

Leise zischend ziehen Feuerfunken die Wunderkerzenkette entlang. Das kleine Feuerwerk dauert seine Zeit. Während die sprühenden Feuerpunkte auf und ab wandern, stehen Eltern und Kinder davor, schauen zu und haben ausreichend Zeit, viele schöne Wünsche fürs neue Jahr auszusprechen.

Material:

viele Wunderkerzen

1. Die Wunderkerzen werden so zusammengesteckt oder aneinandergelehnt, daß sie sich an den brennenden Teilen berühren können. Auf diese Weise kann der Feuerfunken von Wunderkerze zu Wunderkerze überspringen.

2. Das Feuerwerk im Balkonkasten: Balkonkasten mit Erde oder Sand füllen und eine Wunderkerzenreihe aufstellen. Eine Wunderkerze in der Mitte der Reihe wird angezündet, und das kleine Feuerwerk sprüht auf beiden Seiten weiter.

3. Feuerwerk im Sandkasten: Wer Geduld und Geschick hat, kann hier gleich mehrere Reihen aufbauen oder besondere Muster oder Bilder stecken; zum Beispiel ein Feuerrad, das in der Mitte angezündet wird, so daß sich das Feuerwerk nach mehreren Seiten hin ausbreitet.

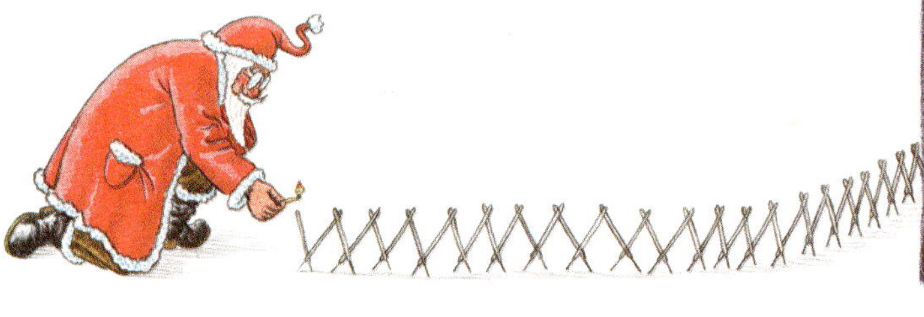

Register

Register

Festlicher Tischschmuck

Briefe und Karten

Geschenke verpacken

Rezepte

Besondere Geschenkideen

Basteln mit Äpfel und Nüssen

Basteln mit Goldfolie

Basteln mit verschiedenen Modelliermassen

Basteln mit Naturmaterial

Ravensburger bietet für die Advents- und Weihnachtszeit 1000 tolle Ideen zum Basteln, Spielen, Fröhlichsein.

Hans Jürgen Press
Dezemberbuch
Spiele, Spaß und Rätsel für 31 Wintertage
Für jeden Tag im Dezember eine Doppelseite, prallvoll mit teilweise ganz neuen Ideen zum Basteln, Lachen, Raten, Suchen.
ISBN 3-473-**37474**-1

Sabine Lohf
Himmelsleiter und so weiter
Ein Bastelbuch für die Vorweihnachtszeit, voll funkelnder Ideen.
ISBN 3-473-**37446**-6

Barbara Cratzius/Gisela Könemund
Theaterstücke zur Weihnachtszeit
Ein Ratgeber für alle, die zur Weihnachtszeit ein Theaterstück mit Kindern aufführen wollen. Mit Tips für Kostüme, Kulissen, Beleuchtung und Musik.
ISBN 3-473-**41075**-6

Barbara Cratzius/Wolfgang Metzger
Spiel & Spaß vor Weihnachten
Nikolaus und sein Esel Joschi führen durch die aufregende, bunte, nach Rätseln, Backwerk und Basteleien nur so duftende Vorweihnachtszeit.
ISBN 3-473-**37154**-8

Kirsch & Korn
Mein erstes Winterheft
In dieser fröhlichen Winterwelt können Vorschulkinder raten, suchen, malen, basteln und vieles mehr.
ISBN 3-473-**37146**-7

Jutta und Dietrich Kirsch & Korn
Basteln vor Weihnachten
Ein Vogelhäuschen, einen Weihnachtsmann zum Füllen, ein plastischer Stern, eine winterliche Überraschungskarte, das ist Bastelspaß vor Weihnachten.
ISBN 3-473-**37662**-0

Hannelore Wernhard
Weihnachtsmarkt
Nach und nach entsteht beim Basteln ein bunter Weihnachtsmarkt, und mit 24 Päckchen gefüllt wird daraus ein ganz besonderer Adventskalender.
ISBN 3-473-**37661**-2

Wolfgang Metzger
Adventskalender
Die schönsten Adventskalender sind die, in denen was drin ist. Selbstgemacht, von den Eltern gefüllt, verkürzen sie die Wartezeit bis Weihnachten.
ISBN 3-473-**37384**-2

Kirsch & Korn
Bald ist Weihnachten
Ein Adventsheft voller Ideen zum Basteln, Backen, Schmücken und Schenken.
ISBN 3-473-**37364**-8

Dorothea Desmarowitz
Weihnachtsgeschenke
Kochen, backen und verpacken: leckere Geschenke zum Aufessen.
ISBN 3-473-**37371**-0

Elisabeth Gloor/Christl Burggraf
Im Winter...
Ein Supereinfall für Schneeausfall: Wer gerne bastelt, kann Winterfreuden auch drinnen genießen.
ISBN 3-473-**37566**-7